# Gesten großer Liebe

# Gesten großer Liebe

Das stille Herz des Seins
*Jetzt* umarmen

Tarthang Tulku

Dharma Publishing Deutschland

Bibliografische Information der Deutschen Nationalbibliothek:
Die Deutsche Nationalbibliothek verzeichnet diese Publikation in der Deutschen Nationalbibliografie; detaillierte bibliografische Daten sind im Internet über http://dnb.d-nb.de abrufbar.

ISBN 978-3-928758-47-5

Herstellerinfomation:
Dharma Publishing Deutschland
Verlag des Nyingma Zentrums Deutschland e.V.,
Siebachstr.66, 50733 Köln
www.dharmapublishing.de - info@dharmapublishing.de

Titelbild: Aquarell von Birgit Viedenz

Druck: Bookpress.eu, Olsztyn, Polen
Printed in Poland



Die Originalausgabe erschien unter dem Titel *Gesture of Great Love*
© 2022 Dharma Publishing, Berkeley, USA

Aus dem amerikanischen Englisch von Birgit Viedenz,
Karin Tommack und Dieter Dolata

# Widmung

Die hier vorgestellten Ideen tauchten erstmals vor etwa fünfzig Jahren auf und bildeten sich dann als die Vision von Raum, Zeit und Wissen heraus (Time, Space and Knowledge: TSK). Große Liebe ist ein natürlicher Ausdruck dieser Vision, eine Liebe, welche die ganze Welt vergangener, gegenwärtiger und zukünftiger Wesen umfasst. Mögen wir auf unserer weiteren Lebensreise lernen, diese große Liebe auch auf uns selbst auszudehnen; mögen wir ein tieferes Feld berühren und mit der Zeit die Bedeutung dieses Gefühlsbereiches vollständig verkörpern.

Dem Hauptherausgeber Jack Petranker, dem ich dieses Buch über mehrere Monate hinweg diktiert habe, und Robin Caton, der Redaktionsassistentin, bin ich zu großem Dank verpflichtet. Auch andere haben mir im Laufe der Jahre bei der Herausgabe meiner Bücher geholfen, darunter Abbe Blum, Debby Black, Elizabeth Cook, Hugh Joswick und Julia Witwer. Weitere große Beiträge leisteten auch Herausgeber:innen, die inzwischen verstorben sind, darunter Leslie Bradburn, Carolyn Pasternak und Zara Wallace.

Herzlichen Dank an alle, die sich im Laufe der Jahre ernsthaft mit TSK beschäftigt haben; viele von ihnen sind inzwischen erfahrene Lehrer:innen und bieten Seminare in zahlreichen Sprachen an, darunter Hal Gurish, Piet Hut, Kathleen Jenkins, Ken McKeon, Ron Purser, Elon Goldstein, Ralph Moon, der verstorbene Steve Randall und Steven Tainer. Besonderer Dank gebührt der verstorbenen Peggy Lippitt, einer der frühesten Unterstützerinnen von TSK.

Dieses Buch ist den großen Meistern der Nyingma-Linie, den ehrwürdigen Eltern und den hart arbeitenden westlichen Schüler:innen des Nyingma-Mandalas gewidmet, von denen einige vierzig oder gar fünfzig Jahre lang unermüdlich an unseren Dharma-Aktivitäten mitgearbeitet haben. Der angesammelte Verdienst dieser Bemühungen ist dem Wohlergehen aller Wesen gewidmet; mögen Frieden, Gesundheit und Glück in jeder Geste verkörpert sein.

An euch alle sende ich Umarmungen, Küsse und umfassende Liebe, ohne Ende, ohne Grenzen, für immer.

# Inhalt

# Einführung

## Unsere Welt heute

So viele Menschen auf der ganzen Welt leiden, während ich dieses Buch schreibe! Die COVID-19-Pandemie hat einen schrecklichen Tribut gefordert. Kinder haben ihre Eltern verloren und Eltern ihre Kinder, Geschwister und Freunde. Einige können nicht mehr arbeiten und leiden an den Langzeitfolgen der Krankheit; viele haben niemanden mehr, an den sie sich wenden können. Gleichzeitig werden in Europa durch einen schockierenden Krieg viele Menschen getötet und Millionen dazu gezwungen, ihre Heimat zu verlassen und ihre bisherige Lebensweise aufzugeben. An anderen Orten hungern die Menschen oder leben in Flüchtlingslagern mit wenig Aussicht auf ein Weiterkommen. Aus Angst tötet die Polizei Menschen, die sie eigentlich schützen sollte, und aus demselben Grund wenden Menschen Gewalt gegen die Polizei an. Heute werden Vorurteile und Parteilichkeiten stolz zur Schau gestellt, mit hässlichen Bildern, wütenden Worten und — allzu oft — mit Gewalt.

Ich könnte noch viel mehr aufzählen, doch das brauche ich gar nicht – Sie sehen es ja selbst in den Nachrichten. Die schrecklichen Dinge, die jeden Tag passieren, sind auf Ihrem Bildschirm zu sehen. Sie lassen sich nicht ignorieren.

Und Sie? Wie geht es Ihnen mit all dem?

Starten Sie freudig in den neuen Tag? Freuen Sie sich auf das, was vor Ihnen liegt? Begrüßen Sie im Laufe des Tages die Herausforderungen, die sich Ihnen stellen, und sehen Sie die Chancen, die sie bieten? Wenn Sie abends zu Bett gehen, finden Sie dann Frieden? Haben Sie das Gefühl, dass Sie Ihre Zeit während des Tages gut genutzt haben?

Ich möchte Sie nicht in Verlegenheit bringen, aber überlegen Sie bitte: Wie geht es Ihnen *wirklich*?

Ich habe das Gefühl, dass die meisten Menschen heute nicht glücklich, nicht ausgeglichen und nicht in Frieden mit sich selbst sind. Die Welt ist immer komplexer geworden, und die Menschen scheinen fast überall nicht mehr zurechtzukommen. Einsam, hoffnungslos und frustriert taumeln sie von einer Krise in die nächste, gefangen in Situationen, die sie nicht geschaffen haben und die ihnen nicht gefallen. Ich spreche nicht nur von denjenigen, die arm sind, gesundheitliche Probleme haben oder nicht in einer angemessenen Wohnung leben können. Auch Menschen, denen es gut geht, die gesund und privilegiert sind, verbringen ihr Leben gereizt und deprimiert.

Wie herzzerreißend das ist! Und wie unnötig! Unabhängig von den Umständen kann jede:r den Tag mit Wertschätzung beginnen; jede:r kann aus den Herausforderungen, die sich ergeben, lernen und wachsen und nachts mit dem Gefühl einschlafen, die Zeit für sich selbst und andere gut genutzt zu haben. Jede:r kann erstrahlen und sich mitteilen, neues Wissen entdecken und ein sinnvolles Leben führen.

'Jede:r', das bedeutet auch Sie.

## Die Grundursache des Leidens

Klingt das wie ein Hirngespinst oder wie ein wilder Traum eines tibetischen Lamas? Das ist es sicherlich nicht.

Die meisten Menschen denken, dass die Ursachen des Leidens im Äußeren liegen: Krankheit, Armut, Krieg, Hunger oder fehlgeleitete politische Führer. Aber mir scheint, dass die Ursache für die meisten Leiden im Geist selbst liegen. In jeder Kultur wollen die Menschen glücklich sein, was also steht ihnen im Weg? Sie wünschen sich inneren Frieden, warum sind sie dann so zerrissen und verwirrt?

Der Geist, so wie er heute bei fast allen Menschen überall auf der Welt funktioniert, untergräbt positive Ziele, schwächt das Selbstvertrauen und schadet der menschlichen Seele. Wie ein unterdrückerischer Despot zerstört er positive Gefühle. Ausgehend von Konzepten und Sprache benutzt der Geist Worte wie *richtig* oder *falsch*, *gut* oder *schlecht*, um zu kritisieren und zu beurteilen. Wie ein kleines Staubkorn in einer starken Brise wird er von einem emotionalen Zustand zum anderen geweht.

Ich nenne die Vorgänge, die den Geist unterstützen, ein ‚Regime'. Das Regime des Geistes kann mit den Minister:innen, Verwalter:innen, Richter:innen und Machthaber:innen[1] verglichen werden, die einen Diktator stützen. Ungeprüft und unkontrolliert hebt das Regime des Geistes das Negative hervor, betont, was fehlt, und ignoriert die natürliche Wissensfähigkeit, die wir alle haben und die dem Leiden ein Ende setzen und inneren Frieden gewähren kann.

Doch so mächtig das Regime des Geistes auch zu sein scheint, der Geist kann anders funktionieren: Es ist möglich, Freiheit zu finden. Sie müssen sich nicht selbst kritisieren, die Schuld geben oder sich hilflos fühlen. Sie können wertschätzen, wer Sie sind, *so wie Sie sind*. Sie haben einen Körper, einen Geist und Sinne; Sie nehmen wahr, erkennen und fühlen. Das ist alles, was Sie brauchen, um eine schöne, friedliche und liebevolle innere Umgebung zu schaffen, in der Sie leben können. Sie haben Schätze in sich. Bitte vergessen Sie das nicht!

Wenn es Ihnen schwer fällt zu akzeptieren, was ich sage, können Sie so beginnen: Achten Sie auf die Momente, in denen Sie wirklich Frieden, Liebe oder Freude erfahren. Dabei spielt es keine Rolle, wie kurz sie sind. Wenn Sie einen Sonnenuntergang betrachten oder einen geliebten Menschen in den Armen halten, wenn Sie die Sterne am Nachthimmel sehen oder einen Vogel singen hören, wenn Sie also ein schönes Gefühl wahrnehmen, dann seien Sie ganz zugegen und präsent. Lassen Sie sich von diesem Gefühl tief berühren, erlauben Sie ihm, Ihr Herz und Ihren Geist zu füllen und über alle vorstellbaren Grenzen hinauszuwachsen. Umarmen Sie Ihre positiven Gefühle. Das ist genug für den Anfang.

Dies ist vielleicht nicht die komplizierte Anleitung, die Sie erwartet haben, aber es ist ein lohnender Beginn. Wir sind nicht so lange auf dieser Welt, deshalb ist es wichtig, jeden Moment gut zu nutzen. *Jetzt* ist es an der Zeit zu entdecken, wie wir uns heilen können, wie wir uns über alle Grenzen hinweg für den vollen Reichtum des menschlichen Seins öffnen können.

## Ein anderer Weg

Die Lehren, die ich in diesem Buch vermittle, sind keine direkte Widerspiegelung der Weisheitstradition, die ich als junger Mann in Tibet studiert habe. Sie setzen keine religiöse Anschauung voraus. Ich biete sie jetzt an, weil ich glaube, dass es in diesen schwierigen Zeiten ein großes Bedürfnis nach Transformation gibt. Ich glaube, dass diese Erklärungen für jeden nützlich sein können; egal ob Sie nun seit langem auf spiritueller Suche sind oder einfach nur ein neugieriger Mensch, der es satt hat, die Dinge so zu akzeptieren, wie sie sind.

Wahrscheinlich beruhen die Wege zum Glück, die Sie bisher ausprobiert haben, auf Konzepten und Ideen, auf Geschichten und Erzählungen. Wenn Sie zum Beispiel selbstkritisch sind, sagt Ihnen eine Stimme, dass Sie nicht gut genug sind, dass Sie kein Glück verdient haben. Um dem entgegenzuwirken, versuchen Sie, sich eine andere Geschichte zu erzählen: „Ich bin zu negativ eingestellt!" „Ich muss aufhören, mich schuldig zu fühlen!" „Ich bin ein guter Mensch."

Doch eine Geschichte bleibt eine Geschichte, ein Konzept bleibt ein Konzept. Nichts ändert sich wirklich, wenn man das eine durch das andere ersetzt. Der Geist kehrt schnell zu seiner gewohnten Art, begrifflich zu denken zurück, und schon bald ist man wieder unglücklich.

In einem bestimmten Tonfall, aus der voreingenommenen ‚Ich'-Perspektive, identifiziert das Regime des Geistes Probleme und sucht dann nach Wegen, sie zu lösen. Doch wenn das effektiv wäre, wären die Probleme der Welt schon längst verschwunden. Denn letztlich sind die Probleme, mit denen wir heute so schonungslos konfrontiert sind, dieselben, die schon immer da waren. Deshalb ist es so wichtig, eine andere Herangehensweise auszuprobieren.

Genau hier und jetzt, inmitten der Ängste und Sorgen in einer komplexen, modernen Welt, können Sie sich für eine neue Art zu leben öffnen. Sie können die Vorstellung loslassen, dass Sie es nicht können, dass Sie nicht wissen, wie es geht, oder dass Sie nicht gut genug sind. Sie können erkennen, dass sich ein ängstlicher, unsicherer Geist immer wieder im Kreis dreht und Probleme aufspürt. Für einen solchen Geist hat das Universum nicht annähernd genug Lösungen parat! Ohne sich vor der Verantwortung zu drücken, ohne vor dem Alltag wegzulaufen, können Sie ruhig und fröhlich sein. Anstatt dauernd in einer Welt von Konzepten und Begriffen zu leben, können Sie Körper und Geist zur Ruhe bringen und einfach nur *sein*.

Vielleicht denken Sie, dass diese Art zu leben egoistisch ist, vor allem wenn so viele andere leiden. Doch im Frieden zu sein, öffnet das Herz, und ein offenes Herz führt zu Mitgefühl für andere. Wenn Sie hart und wütend auf sich selbst sind, werden Sie gegenüber allen um Sie herum bitter. Wenn Sie lernen, sich selbst zu umarmen, sich selbst eine Geste der Liebe zu schenken, werden Sie frei von Begrenzungen und den Ansprüchen des Egos. Gesund und glücklich, verfügen Sie über eine Fülle von inneren Ressourcen, aus denen Sie schöpfen können.

## Umarmungen und Küsse

So wie die Dinge jetzt stehen, richtet das Regime des Geistes ein Selbst, das wir *Ich* nennen, als sein Zuhause ein. Es etabliert das *Ich* als real und feststehend, mit bestimmten Eigenschaften, Vorlieben und Abneigungen, Wünschen und Bedürfnissen, die auf vergangenen Erfahrungen basieren. Welche Wahl haben wir angesichts dieser Tatsache? Es ist alles von vornherein festgelegt. Wenn wir die Struktur des Regimes akzeptieren, wenn wir uns an ‚unsere' Identität klammern, werden sich dieselben Muster im Laufe unseres Lebens immer wiederholen. Wenn sich unsere Identität als eine ‚ruhige und schüchterne Person' manifestiert, werden wir ganz andere Erfahrungen machen als mit der Identität einer ‚wütenden und einsamen Person'. Aber so oder so ist eine vom Regime aufgebaute Identität ein Gefängnis: Wir werden nie die Freiheit haben, einfach zu sein.

Deshalb ist ein anderer Ansatz erforderlich. In unserer Gesellschaft sind Umarmungen und Küsse Gesten, mit denen wir Verbundenheit und Liebe ausdrücken. In diesem Buch verwende ich die Worte ‚Umarmungen' und ‚Küsse', um Gesten auszudrücken, die viel tiefer gehen als jemanden in den Arm zu nehmen oder mit den Lippen zu berühren.

‚Umarmen' in dem Sinne, den ich hier meine, bedeutet, alle Strukturen des geistigen Regimes loszulassen, einschließlich des *Ich*, das als Zufluchtsort dient. Um wirklich zu ‚umarmen', muss man obdachlos sein, denn nur dann kann man alles umarmen, was auftaucht. Wenn wir in diesem Sinne umarmen, beharren wir nicht länger auf unserer eigenen Position, unserer eigenen Psychologie und unseren Überzeugungen. Wenn wir ohne Vorbehalt umarmen, befreien wir uns von Identitäten. Das Herz unseres Seins öffnet sich wie ein klarer Morgenhimmel.

Umarmungen rühren uns an und hüllen uns ein. Sie tauchen ganz plötzlich auf und verschwinden schnell wieder. Sie weisen nichts zurück und lassen die völlige Offenheit eines Kusses zu. Und das ist wesentlich. Denn wer nicht küssen kann, der kann auch nicht die volle Bedeutung der Liebe erfahren.

Bitte stellen Sie sich dies ganz einfach vor. Wenn wir küssen, was wir umarmen, ist das eine ganz leichte Berührung, ein Übergang von einem Augenblick zum anderen, der Liebe anbietet und Einheit zum Ausdruck bringt. Küsse bringen uns in eine Welt ohne Widerstand, ohne Trennung zwischen Subjekt und Objekt – zwischen demjenigen, der küsst, und demjenigen, der geküsst wird.

Umarmungen führen zu einer tiefen Verbundenheit, und Küsse bringen Umarmungen zu freudiger Erfüllung. Zusammen verwandeln sie das Gewöhnliche. Im Augenblick eines Kusses verschmelzen Sinne und Konzepte, nichts bleibt außen vor. Was auch immer die Erfahrung sein mag, wir zelebrieren sie. Wir entspannen uns in Offenheit, ohne dass wir Symbole oder Worte brauchen.

Wenn wir Gesten der Liebe anbieten, Umarmungen und Küsse, dann tun wir etwas Neues und lassen unser altes *Ich* hinter uns. Wir brauchen nicht mehr zu sagen: „Das ist es" oder „Jetzt habe ich es verstanden". Wir brauchen nicht mehr zu fragen: „Bin ich sicher?" Wir öffnen uns vollständig – was auch bedeutet, dass wir die Vorstellung loslassen, es gäbe etwas zu öffnen.

Das ist mehr, als zu sagen: „Ich liebe dich", es ist die Einheit des Seins.

Vielleicht denken Sie jetzt, dass Sie dazu niemals in der Lage sein werden. Wenn Sie daran gewöhnt sind, auf eine bestimmte Art und Weise zu handeln, können Sie sich schwer vorstellen, damit aufzuhören. Aber das müssen Sie auch gar nicht. Es ist nur nötig, Raum für Umarmungen und Küsse, Verwunderung und Freude zu schaffen. Jede Erfahrung, jeder Gedanke oder jedes Gefühl kann ein Tor zum inneren Frieden sein.

## Zeit prägt unser Leben

Unsere Freude und Kümmernisse, Projekte und alles Leid entfalten sich in der Zeit. Aufbauend auf der Vergangenheit mit ihren Erinnerungen, leben wir in der Gegenwart und wenden uns mit Angst oder Vorfreude der Zukunft zu. Jede Geschichte, die wir erzählen, und alles, was wir erleben, beruht darauf, dass wir Zeit so verstehen, dass sie sich von Moment zu Moment entfaltet. Nach unserem gewöhnlichen Verständnis manifestiert Zeit Erfahrungen in einer Weise, die wir nicht kontrollieren können; ihre Macht ist absolut. Wir leben in der Zeit wie ein Kieselstein, der von der Strömung eines Flusses mitgerissen wird, ohne zu wissen, wo er landen mag, unfähig die Richtung zu ändern.

All dies ist wohl bekannt und sogar unstrittig. Wenn wir jedoch tiefer nachforschen, kann Zeit völlig rätselhaft erscheinen. Ein Moment geht in den nächsten über – wie kann das sein? Was verbindet einen Moment mit dem vorangegangenen oder dem folgenden Moment? Wenn die Momente miteinander verbunden sind, was trennt dann den einen vom anderen? Wenn sie nicht verbunden sind, wie können sie dann jemals kommunizieren?

Die Vergangenheit liegt uns sehr am Herzen, in die Zukunft blicken wir ängstlich oder erwartungsvoll, doch in unserem gewöhnlichen Verständnis von Zeit können wir weder die Vergangenheit noch die Zukunft ‚bewohnen'. Wir haben nur zur Gegenwart mit ihren Erinnerungen und noch unerfüllten Absichten Zugang.

Die Akzeptanz dieses Modells ist der Schlüssel zu den Frustrationen und Schwierigkeiten, die einen Großteil unseres Lebens ausmachen. Die Entfaltung der Zeit von der Vergangenheit über die Gegenwart in die Zukunft hinein hält uns in der Struktur von Ursache und Wirkung gefangen. Die Ereignisse *kommen* aus einer Quelle, die wir vielleicht nicht kennen, und führen *zu* Konsequenzen, die wir vielleicht nicht wollen, doch wir haben keine andere Wahl, als mitzumachen. Weil wir in genau in diesem Zeitverständnis so gut geschult sind, stellen wir es gar nicht erst in Frage.

Aber gibt es wirklich nichts anderes als den Mechanismus der linearen Zeit? Warum lassen wir uns darauf ein, wenn er so viel Unglück mit sich bringt?

Anstatt die lineare Abfolge von Momenten als die ‚Art und Weise, wie die Dinge sein müssen', zu akzeptieren, bietet dieses Buch ein tieferes Verständnis von Zeit. Ich nenne es ‚den Augenblick'.

Heutzutage werden die englischen Wörter ‚instant' (Augenblick[2]) und ‚moment' (Moment) oft als Synonyme betrachtet, aber mir wurde gesagt, dass in der Geschichte der englischen Sprache ein ‚instant' als etwas außerhalb der Zeit stehendes verstanden wurde. Das ist es, worauf ich hinaus möchte. Wir behalten ein wenig von dieser frühen Bedeutung bei, wenn wir sagen, dass etwas unmittelbar oder augenblicklich geschieht, in Null Komma nichts. Man könnte sich den Augenblick als unendlich klein vorstellen, kleiner als die kleinste Zeiteinheit. Doch weil er außerhalb von Zeit liegt, umfasst er die gesamte Zeit. Er erfasst alle möglichen Momente von Zeit gleichermaßen. Wenn Vergangenheit, Gegenwart und Zukunft die drei Zeiten sind, zu denen wir normalerweise Zugang haben, könnte man sagen, dass der Augenblick eine vierte Zeit ist.

In der Tiefe des Augenblicks kann es zu Leiden kommen, aber so wie das Leiden in einem Traum leichter wird, wenn wir wissen, dass wir träumen, so verliert das Leiden, das durch die lineare Zeit hervorgerufen wird, seinen Biss, wenn wir den Augenblick verstehen.

## Neue Wege des Verstehens

Auf den folgenden Seiten stelle ich verschiedene Ansätze vor, die Ihnen helfen werden, sich selbst Umarmungen und Küsse zu geben, im Augenblick zu verweilen und das stille Herz des Seins zu umarmen, das Ihr Geburtsrecht ist. Ich möchte Sie ermutigen, mit all den

Herangehensweisen zu arbeiten. Betrachten Sie diese als Themen für Kontemplation, als Räume, die Sie erforschen können, als Gelegenheiten für neues Wissen und Tore zur Transformation.

Sie müssen nicht linear von einem Ansatz zum anderen übergehen, sondern können einfach zwischen den Herangehensweisen hin- und herwechseln, wie es in den Kapiteln dieses Buches geschieht. Aber urteilen Sie bitte nicht darüber. Am besten ist es, einen Ansatz nicht zu verwerfen, weil er unbequem ist, oder bei einem anderen zu bleiben, weil er Ihnen am besten gefällt. Wenn Sie sich geschickt zwischen all diesen Herangehensweisen bewegen und im jeweiligen Moment die passenden anwenden können, haben Sie den Schlüssel zu einer neuen Art des Seins.

Der erste Ansatz ist der direkteste: Umarmen und küssen Sie sich selbst! Liebe ist Ihr Geburtsrecht. Seien Sie annehmend und würdigend, so wird Ihre Wertschätzung in Verwirklichung aufblühen. In wirklich offenen Momenten werden Sie Klarheit finden. Interpretationen werden nicht mehr so schwer wiegen. Bedeutungen werden auftauchen, aber es wird nicht nötig sein, nach ihnen zu greifen oder sie zu ‚Ihren' zu machen. Sie werden auch keine Lehrer brauchen, die Ihnen sagen, was Sie tun sollen.

Wenn Sie sich selbst umarmen und küssen, respektieren Sie sich selbst. Sie verbinden sich mit sich selbst und anderen. Sie kommunizieren aufrichtig. Sie fühlen sich in jeder Situation wohl und können einfach *sein*.

In diesem Moment flüstert das Regime des Geistes vielleicht, dass Sie nicht bereit sind — dass Sie mehr tun oder mehr lernen müssen, bevor Sie sich Umarmungen und Küsse anbieten können. Ob das ‚falsch' oder ‚richtig' ist, ist nicht das Thema. Ein Geist, der sich gegen Gesten der Liebe sträubt, sollte besonders sanft und freundlich behandelt werden.

Ein zweiter Ansatz, der hier vorgestellt wird, besteht darin, das Ausmaß des menschlichen Leidens aufrichtig zu betrachten — sowohl das eigene als auch das anderer, jetzt und im Verlauf der gesamten Geschichte.

Vielleicht wollen Sie das nicht tun, vielleicht wollen Sie sich lieber abwenden. Das kann ich verstehen. Aber ich biete Ihnen diese Herangehensweise nicht an, weil ich negativ bin oder weil ich Sie deprimieren möchte. Ganz im Gegenteil. Ich biete sie an, weil sie transformativ ist. Sie berührt das Herz. Sie wird Sie daran erinnern, woher Sie kommen, und Sie auf das hinweisen, was als Nächstes kommen wird. Sie wird Sie dazu motivieren, etwas zu unternehmen — und zwar *jetzt*. Wenn Sie das Leiden klar sehen, können Sie anders entscheiden. Sie können anfangen zu verstehen, dass es nicht egoistisch ist, sondern der *Sinn* des menschlichen Lebens, Gesten der Liebe anzubieten.

Ein dritter hier vorgestellter Ansatz ist aktive Untersuchung. Wenn Sie die Operationen des Geistregimes untersuchen und Ihre Annahmen kritisch hinterfragen, erfahren Sie aus erster Hand, wie der Geist zu Ihrem Feind statt zu Ihrem besten Freund geworden ist. Das Regime mag effizient sein, doch sie werden von ihm gefangen gehalten, egal, was es mag oder nicht mag, was es denkt oder glaubt. Sofern das Regime die Kontrolle hat, *wird* Leiden folgen.

Sie können sich von dieser Tatsache deprimieren lassen, oder Sie sagen „Schluss jetzt". Wenn Sie Sprache benutzen, um diese selbst zu erforschen, können Sie die Tiefe von Nicht-Wissen berühren und damit beginnen, Freiheit zu schmecken.

## Über dieses Buch

In den letzten Jahren habe ich viele Gespräche mit Jack Petranker, einem meiner langjährigen Studenten, über die hier präsentierten Themen geführt. Jack transkribierte unsere Dialoge, und aus seinen Transkriptionen und anderem Material, das ich ihm übermittelte, erstellte er ein Arbeitsmanuskript. Dieses wurde mehrfach überarbeitet und von Robin Caton, auch einer langjährigen Studentin, fertiggestellt. Ich habe die Entwicklung der Entwürfe überwacht und den Inhalt mit beiden Lektor:innen mehrmals durchgesehen.

Während Sie die folgenden Kapitel lesen, können Sie Ihren Körper entspannen und Ihren Geist so weit wie möglich öffnen. Es ist nicht sinnvoll, sich zu sehr zu bemühen, um das, was ich sage, beim ersten Mal vollständig zu verstehen. Zu viel Anstrengung erzeugt nur Spannung, und Spannung verhindert das Verstehen. Ein Geist, der fest auf seine Positionen fixiert ist, reagiert nur auf das, was er bereits glaubt und wem er zustimmt. Daher ist es am besten, sorgfältig und doch leicht zu lesen, mit Neugierde. Halten Sie zwischendurch inne und machen Sie die Übungen. Neben dem begrifflichen Wissen ist auch Erfahrungswissen notwendig, um unter die Oberfläche des Regimes vorzudringen.

Setzen Sie sich bequem hin, blicken Sie sanft auf die Seite, entspannen Sie Ihren Körper und lassen Sie die Freude am Lernen Ihr Herz erfüllen. Wenn Sie fertig sind, werden Sie ein anderer Mensch sein — offener, entspannter. Es ist nicht hoffnungslos! Es gibt einen Pfad ... einen Weg ... Licht.

Dann lesen Sie das Buch noch einmal.

Möge dieses Buch allen Leser:innen von Nutzen sein.
Möge es alle ermutigen, die Verständnis suchen und sich Liebe,
Frieden und Freude wünschen.

Tarthang Tulku
Odiyan, Sonoma County, Kalifornien
2022

Kapitel eins

# Unsere gegenwärtige Situation

## Ein ehrlicher Blick

Damit es keine Missverständnisse gibt und Sie nicht denken, Sie könnten so weitermachen wie bisher, fühle ich mich verpflichtet, Ihnen folgendes gleich zu Beginn zu sagen: *Ganz gleich, wer Sie sind oder welche Entscheidungen Sie in Ihrem Leben getroffen haben, bis Sie einen anderen Weg einschlagen, werden Sie unweigerlich auf eine der vielen Formen des Leidens stoßen.*

Das ist nicht persönlich gemeint; es liegt nicht daran, dass Sie etwas falsch gemacht haben und eine Strafe verdienen. Leiden resultiert aus einem Missverständnis, aus der Unkenntnis der Natur des Geistes und seiner Funktionsweise. Wir *können* Unwissenheit in Weisheit umwandeln, doch bis wir das wirklich tun, wird sich Leiden in seinen vielen Formen weiter manifestieren. Das ist einfach die Wahrheit, so wie die Dinge sind.

Körperlich leidet jeder Mensch an Hunger und Durst, an den Schmerzen von Krankheit, Verletzung und Missbrauch. Wir spüren, wie die Körperfunktionen sich mit zunehmendem Alter verschlechtern, vor allem am Ende unseres Lebens.

Auf psychischer Ebene gibt es den Schmerz der Emotionalität, der Anspannung, der Angst, des Kummers und des Unwohlseins. Die moderne Welt bietet einigen viel materiellen Komfort, doch wenig seelisches Wohlbefinden. Wut, Groll, Scham, Neid, Stolz, Frustration und Hass können den Geist tagelang verdunkeln. Viele Menschen fühlen sich jahrelang einsam, traurig oder deprimiert. Sie glauben, dass niemand sie mag und sie keine Liebe verdient haben. Wir haben alle solche inneren Wunden, die von Zeit zu Zeit aufbrechen. Wenn wir so tun, als würden wir diesen Schmerz nicht spüren, zahlen wir später einen hohen Preis: Unsere Herzen verschließen sich und nur noch selten erleben wir Freude oder Leichtigkeit.

Auf der ganzen Welt gibt es keinen Ort, an dem wir uns vor dem Leid verstecken können, keinen Ort, an dem wir nicht mit herzzerreißenden Szenen konfrontiert werden. Mit kleinen Kindern an ihrer Seite flieht eine Frau vor dem Krieg in ihrer Heimat; sie kennen niemanden, haben nichts, wenn sie in einem fremden Land ankommen, und verbringen die Nacht frierend im Freien. Ein Soldat überreicht einem kleinen Jungen, dessen Vater im Kampf gefallen ist, eine Fahne; eine Zeremonie, die das Kind noch nicht verstehen kann. Ein Mädchen im Teenageralter hat durch eine Landmine aus einem schon beendeten Krieg beide Beine verloren; sie kämpft darum, wieder gehen zu können. Nur mit einem kleinen Stück Pappe als Kopfkissen schläft ein Obdachloser in einem zerfledderten Schlafsack auf einem betonierten Bürgersteig.

Das Ausmaß der Sorgen und Ängste, welche die Menschen überall erleben, ist unvorstellbar: bei Krieg und Krankheit, Hunger und bitterer Armut, Vorurteilen und Diskriminierung, Hass und vielem mehr. Heute gibt es weitere Sorgen und Befürchtungen, die uns ängstigen: ein sich veränderndes Klima, das große Teile der Erde unbewohnbar machen könnte, und die ständige Gefahr eines Atomkriegs.

Dass ähnliches Leid im Laufe der Geschichte schon so oft erlebt wurde, macht es nur noch schlimmer. Wie viele Menschen verschiedener Ethnien fast überall auf der Welt hat das tibetische Volk in den letzten Jahrzehnten sehr gelitten. Die Weltkriege brachten Millionen von Menschen Vernichtung und Leid, und auch heute wütet wieder Krieg. Wut und Gier führen weiterhin zu Hass und Zerstörung, und die moderne Kriegstechnologie sorgt dafür, dass die Konflikte im Laufe der Jahrzehnte immer tödlicher werden.

*Können wir das weiter zulassen?* Gerade die Dinge, die uns so viel Freude bereiten — die Menschen, die wir lieben, die Erde selbst — leiden. Geht das nicht schon lange genug so? Wir müssen diese Situation ehrlich betrachten und unsere Herzen öffnen. Es ist an der Zeit, uns nichts mehr vorzumachen!

Ich lade Sie ein, über die Geschichte des menschlichen Leidens nachzudenken und es tief zu spüren. Beginnen Sie mit Ihrer eigenen Erfahrung. Übung 1 kann Ihnen dabei als ein Vorschlag dienen. Die

Übung fordert Sie auf, Ihr bisheriges Leben ausführlich und ehrlich zu betrachten. In gewissem Sinne ist dies nur ein erster Schritt, der jedoch sehr wichtig ist. Je genauer Sie hinschauen, desto mehr regt sich etwas in Ihnen, desto mehr wird Ihnen die Notwendigkeit einer Veränderung bewusst.

### Übung 1

## Über die Lebensphasen reflektieren

Denken Sie über die Phasen nach, die Sie in Ihrem Leben durchlaufen haben, und konzentrieren Sie sich dabei besonders auf schwierige Zeiten und negative Erfahrungen. Der Zweck dieser Übung ist nicht, in der Negativität zu verharren, besonders wenn Sie Rückstände von Wut oder Schmerz aus der Vergangenheit mit sich herumtragen. Es geht einfach darum, zu erkennen, dass wir alle als Menschen auf ähnliche Weise leiden. Es ist unser Geburtsrecht, friedlich und glücklich zu sein, also möchten wir einen Weg finden, Einsamkeit, Schuldzuweisungen und Konflikte hinter uns zu lassen und zum Wohle von uns selbst und anderen freudvoll zu leben.

Hier ein Vorschlag, wie Sie beginnen könnten; Sie können ihn an Ihre eigenen Gedanken anpassen:

Als ich geboren wurde, schwebte ich in einer zeitlosen Wolke, schrie nach Essen, wenn ich hungrig war, und schlief, wenn ich müde war. Später lag ich hilflos in meiner Wiege, unfähig, meine

Bedürfnisse klar zu äußern — mal glücklich und geborgen, mal voller Ängste und unbefriedigtem Verlangen.

Etwa im Alter von zwei oder drei Jahren begann ich, Zeit zu spüren: Ich wartete unruhig auf eine versprochene Belohnung und machte erste Erfahrungen von Langeweile und Rastlosigkeit.

Im Alter von sechs oder sieben Jahren wartete ich ungeduldig auf das Ende der langen Schulstunden; ich dachte ruhelos darüber nach, wie lange es noch bis zum Mittagessen sei oder wann meine Eltern mich von irgendeinem Ereignis abholen würden; ich machte mir Sorgen, ob ich die Hausaufgaben rechtzeitig erledigen kann. Wenn meine Eltern oder Geschwister ängstlich oder wütend waren, fühlte ich mich hilflos und verwirrt. Ich wollte ihnen helfen, aber ich wusste nicht, was ich tun sollte. Ich begann, ihre Emotionen zu kopieren, und wurde ebenfalls wütend und ängstlich.

In der Pubertät dachte ich in längeren Zeiträumen: die Monate bis zum Schulbeginn oder bis zum Beginn der Sommerferien. Ich wusste nicht, wer ich war oder wer ich sein wollte; ich probierte verschiedene Kleidungsstücke, verschiedene Freunde, verschiedene Interessen aus, in der Hoffnung auf etwas Bleibendes. Ich stellte mir vor, wie es in der Zukunft sein würde, wenn ich endlich erwachsen wäre — die Menschen, die ich treffen würde, die Orte, die ich bereisen würde, die Herausforderungen, die ich erfolgreich meistern würde, und vor allem die Errungenschaften, über die andere staunen würden. Ich wollte etwas Besonderes sein, besser als alle anderen. Ich brauchte viel Lob und Anerkennung!

> Als die Zeit kam, die Schule zu verlassen, gewann die Zukunft stärkere Bedeutung für mich. Ich sah die Anzeichen des Älterwerdens bei meinen Eltern und erlebte Störungen in meinen gewohnten Abläufen. Ich freute mich darauf, mein Leben selbst in die Hand zu nehmen, aber ich spürte auch, wie Verantwortung auf mich zukam und mein Leben in eine Richtung lenkte, von der ich nicht sicher war, ob ich sie wollte.

Dies sind nur einige Beispiele; Sie werden Ihre eigenen haben. Lassen Sie sich dabei von Ihren Gefühlen leiten und stellen Sie grundlegende Fragen: Wie viel von Ihrer Energie war in Ihrem Unglücklichsein gebunden? Müssen Sie Ihr Leben weiterhin auf diese Weise leben?

Wenn diese detaillierte Rückschau Sie ernüchtert, beschließen Sie genau jetzt, etwas zu ändern. Schwören Sie, dass Sie sich von diesem Moment an nicht mehr selbst verletzen werden; dass Sie sich keinen Schmerz zufügen werden; dass Sie sich nicht in Verwirrung oder in der schrecklichen Kraft von Selbsthass und Verbitterung verlieren werden. Betrachten Sie dies als eine stille Vereinbarung mit Ihrem Geist. Ihre Forderungen sind einfach. Sie wollen inneren Frieden finden. Sie wollen auf eine heilsame Weise leben und destruktive Muster beenden. Was Sie vom Geist verlangen, ist die Freiheit, dies zu tun.

Auf der einen Seite bedeutet diese Vereinbarung mit dem Geist eine radikale Veränderung, auf der anderen Seite ändert sie nur sehr wenig. Sie können Ihr Leben so weiterführen, wie Sie es bisher gelebt haben. Sie können im selben Fluss schwimmen und dasselbe Wasser trinken. Doch jetzt werden Sie anderen Rhythmen folgen, andere

Wege gehen. Sie werden nicht in den Fluten von Unglücklichsein ertrinken.

## Mitfühlende Augen

Wenn Sie die Muster Ihres eigenen Lebens gründlich betrachtet und beschlossen haben, gut für sich selbst zu sorgen, werden Sie ganz natürlich auch das Leiden der anderen sehen. Sie können mit echter Überzeugung sagen: „Nicht nur ich leide. Meine Eltern, meine Lieben und Freunde erleben keinen einzigen Tag ohne Schmerz, Bedauern, Angst und Sehnsucht. Das gilt für jedes Wesen auf der Welt."

Schauen Sie sich mit fürsorglichen Augen um. Sie werden sehen, wie Menschen auf unzählige Weisen leiden, wie sie ihre gegenwärtige Freude in der Hoffnung auf zukünftiges Glück opfern. Wenden Sie sich nicht ab, verfolgen Sie diese Muster im Leben derer, die Sie kennen. Nehmen Sie sich Zeit, diese Muster deutlich zu sehen. Stellen Sie sich weiter vor, dass dieselben Muster überall auf der Welt seit Beginn der Menschheitsgeschichte am Werk sind.

Die nächste Übung fordert Sie auf, über Ihre persönliche Situation hinaus an das Leid zu denken, das Generationen von Menschen ertragen haben. Dank Technologie und Wissenschaft erleben wir heute in einem Jahrzehnt mehr Veränderungen als andere Kulturen in Jahrhunderten. In einer Hinsicht jedoch hat sich nicht viel geändert. Auch wenn sich die physischen Bedingungen, unter denen wir leben, verbessert haben, so scheinen wir doch mindestens genauso viel Unglück zu erfahren wie unsere Vorfahren.

Um dies selbst zu erforschen, nehmen Sie sich etwas Zeit, darüber nachzudenken, wie die Menschen in der Vergangenheit gelebt haben. Fühlen Sie ganz real, wie es damals für sie war. Sie können Ihre eigenen Nachforschungen zur Weltgeschichte anstellen oder sich an der folgenden Zeitleiste orientieren.

### ÜBUNG 2

## Über die menschliche Geschichte nachdenken

Beginnen Sie ganz weit zurück in der Zeit, beim Australopithecus. Dies ist die erste bekannte Hominidenart; sie lebte mehr als 3 Millionen Jahre lang auf den Grasebenen des östlichen und südlichen Afrikas und war vermutlich in der Lage zu kommunizieren und vorauszuplanen. Der Homo habilis, ein anderer Zweig des menschlichen Stammbaums, wird mit den ersten hochentwickelten Steinwerkzeugen und der Beherrschung des Feuers in Verbindung gebracht. Lassen Sie Ihre Phantasie spielen: Wie sah das Leben dieser frühen Menschen aus? Welchen Herausforderungen waren sie ausgesetzt? Haben sie gelitten? Auf welche Art und Weise?

Die Entwicklung der Sprache, sicherlich einer der bemerkenswertesten Schritte in der Geschichte der Menschheit, soll vor 350.000 bis 150.000 Jahren stattgefunden haben. Vor etwa 50.000 Jahren finden sich in den archäologischen Aufzeichnungen Hinweise auf Symbolik, die in Musik, Tanz und Kunst zum Ausdruck kommen. Versetzen Sie sich mit Hilfe Ihrer Fantasie in diese Zeit zurück.

Was haben diese frühen Menschen oder Urmenschen gefühlt und gefürchtet? Wie haben sie sich die Welt erschlossen?

Vor etwa 12.000 Jahren entwickelte sich im Norden der arabischen Halbinsel die Landwirtschaft. Um etwa 8.000 v. Chr. gründeten die Menschen dauerhafte Siedlungen; zweitausend Jahre später entstanden Städte, die zu den ersten echten Zivilisationen führten. Einigen Berichten zufolge wurde zu dieser Zeit die Sklaverei im großen Stil praktiziert. Wie gut können Sie sich das Leben dieser Sklaven vorstellen, was fühlten sie und wie lebten sie?

In der Zeit vom 8. bis zum 3. Jahrhundert v. Chr. lebten große geistige Führer: Konfuzius, Laotse, Buddha, Mahavira und Zarathustra, und gegen Ende der Epoche folgte Sokrates. Stellen Sie sich vor, Sie hätten in einer Zeit gelebt, in der all diese Menschen auf der Erde wandelten und transzendente Bedeutung und alltägliche Realität nicht voneinander getrennt waren. Doch war das neue Wissen für jeden zugänglich? Wie muss es gewesen sein, in einer Zeit zu leben, in der kaum jemand Zugang zu diesen großen Meistern oder ihren Lehren hatte?

Mit Beginn unserer Zeitrechnung wurden weitere Fortschritte erzielt. Das Konzept der Null als Zahl entstand im 5. Jahrhundert in Indien. Im 7. Jahrhundert kam das erste Papiergeld in Umlauf; das Schießpulver sowie das erste gedruckte Buch, eine buddhistische Sutra, stammen aus dem 9. Jahrhundert. Vieles änderte sich, doch vieles blieb auch gleich. Wie war das Leben zur Zeit der Pest, die im 14. Jahrhundert als Schwarzer Tod bekannt wurde und in nur zwanzig Jahren ein Drittel bis die Hälfte der europäischen Bevölkerung tötete?

Der Buchdruck, Mitte des 15. Jahrhunderts in Deutschland erfunden, löste eine stille Revolution aus, er trug zur Alphabetisierung breiter Schichten bei. Im 17. und 18. Jahrhundert wurden das Fernrohr und das Mikroskop erfunden, in der ersten Hälfte des 19. Jahrhunderts der Elektromotor; dann folgte eine ganze Reihe von Erfindungen, welche die Welt verändern sollten: Fotografie, Kühlschrank, Dynamit und Stacheldraht, Telefon, Plattenspieler und Glühbirne, Radio, Fahrrad und die ersten Flugzeuge. Stellen Sie sich diese Wunder vor: Wie kamen die Menschen mit der ständigen Flut an neuen Erfindungen und Technologien zurecht? Waren sie glücklicher? Oder haben sie weiter gelitten?

## Aus der Vergangenheit lernen

Dieser kurze Überblick ist sehr stark vereinfacht, doch selbst bei dieser groben Skizze hält die Geschichte unzählige Lektionen für uns bereit. Zivilisationen stiegen auf, zerfielen und brachen letztlich zusammen. Kolonialmächte brachten Tod und Zerstörung in Länder, die sie besiedelten, und untergruben Kultur und Erbe der einheimischen Bevölkerung. Ganze Völker haben enorm gelitten, auch die Tibeter in meinem Geburtsland, die unter der chinesischen Herrschaft ihr Bestes tun, um zu überleben. Natürlich leiden nicht nur sie. Ich kann das Schicksal des jüdischen Volkes während des Zweiten Weltkriegs immer noch nicht ganz begreifen: Aufgrund irrationalen Rassenhasses wurden sechs Millionen Menschen getötet.

Es gibt zahllose andere Beispiele von Völkern, die dezimiert wurden, weil ihre Kolonisatoren materiellen Reichtum aus dem Land herauspressen wollten. Einige Völker waren Krankheiten ausgesetzt, gegen die sie keinen Schutz hatten und Millionen starben. Weitere Millionen menschlicher Sklaven wurden angekettet, geschlagen und ausgehungert; sie konnten nicht in Freiheit leben und waren gezwungen, für die Zufriedenheit und den Komfort anderer zu arbeiten.

Das Leid, das wir Menschen erfahren, kann niemals vollständig aufgelistet werden: das Leid von Krieg und Krankheit, Unsicherheit und Angst, Hunger, bitterer Armut, Verrat, Zweifel, Eifersucht und vielem mehr.

Das Tempo der Erfindungen wird sich weiter beschleunigen. Wir können nicht sagen, welche neuen, jetzt noch unvorstellbaren Durchbrüche zu weiteren Veränderungen im menschlichen Leben und im menschlichen Bewusstsein führen werden. Werden die Menschen in den kommenden Jahrzehnten genauso leiden wie heute? Was kann einen Unterschied bewirken?

Wir alle kennen diese Stimme im Kopf, die sagt: „Die Probleme der Welt sind zu kompliziert; ich kann die Situation nicht ändern.“ Was aber, wenn diese Stimme nur ein Trick des Geistes ist? Vielleicht gibt es nichts, was uns fehlt, nichts, um das wir kämpfen müssten. Seien Sie bereit, sich selbst und andere zu schätzen, zu umarmen und zu küssen. Sie werden sich mit neuer Energie aus Ihren Überlegungen lösen und wissen, dass Sie das Potenzial haben, die Dinge von diesem Moment an anders zu machen.

Wenn Sie mit den Augen der Liebe sehen, erkennen Sie, dass alle Menschen sich abmühen; größtenteils leben sie von einer Erfahrung zur nächsten und glauben, dass jede entstehende Situation real und dauerhaft ist. Sobald ein geistiger Zustand endet, werden sie schon vom nächsten überwältigt, ohne den Übergang dazwischen wahrzunehmen. Wenn Sie diese Muster wirklich in Aktion sehen, wird Ihr Herz weich und Sie beschließen, Ihr Bestes zu tun, um alle Wesen — angefangen bei Ihnen selbst — zu Frieden und dauerhafter Freude zu führen.

## Kapitel zwei

# Wertschätzung und Freude

### Freude ist wesentlich

Freude ist eine natürliche Reaktion auf das Leben und die Wunder, die das Leben bereithält. Wenn Sie Ihre Reise zu einer neuen Art des Seins beginnen, erlauben Sie sich, jeden Moment wertzuschätzen, den Sie am Leben sind.

Wenn mein Hinweis auf die Freude Ihnen Unbehagen bereitet — wenn eine Stimme in Ihrem Kopf Ihnen sagt, dass Sie das Glück nicht verdienen oder dass Freude unangebracht ist, während andere leiden —, dann lassen Sie diese Einflüsterungen sanft verstummen. Sie verfolgen jetzt einen anderen Ansatz, bei dem Freude eine wesentliche Rolle spielt. Ihr Wohlbefinden beruht auf einer positiven Grundlage, und das gilt auch für das Wohlbefinden der anderen.

Sich an dem zu erfreuen, was sich im Moment manifestiert, ist das Gegenteil von egoistisch: Es ist ein sehr zuverlässiger Weg zu Liebe und Mitgefühl. Wenn wir keine Freude empfinden, fühlen wir uns wie in einem dunklen Tunnel — eng, ängstlich und unfähig zu atmen. Wenn Freude vorhanden ist, öffnet sich das Herz, Körper und Atem entspannen sich. Wir fühlen uns reich und vollständig, als lebten wir auf einer Frühlingswiese mit üppiger Blumenpracht für alle.

Wenn Sie nicht von Natur aus ein freudiger Mensch sind, können Sie Freude kultivieren, indem Sie die Sinne schätzen. Die Sinne sind bemerkenswerte Schätze. Mit erwachten Sinnen können Sie ein Orchester spielen hören oder ein Windspiel; Sie können einen Vogel fliegen sehen oder die Spiegelung der Sonne auf einem Kupferdach. Sie können die Schönheit der Welt in vollen Zügen genießen. Die meisten Menschen schenken den Sinnen nicht viel Aufmerksamkeit. Sie sehen oder hören etwas, nur um es zu identifizieren oder zu beurteilen, welche Beziehung es zu ihnen hat: Ist es nützlich oder wertlos, etwas, das man meiden sollte, oder etwas, das man haben will? Nachdem sie ein Urteil gefällt haben, ignorieren sie den sinnlichen Teil des Wahrnehmens, in dem Schönheit und Freude stecken.

Wenn Sie in einer verarmten Welt leben, haben Sie wahrscheinlich die Fähigkeit verloren, wahrzunehmen, zu sehen, zu hören und sich mit der Welt zu verbinden.

## Die Sinne wertschätzen

Die fünf Sinne und der Geist sind eng mit allem verbunden, was in diesem Kosmos erscheint. Auf irgendeine Weise hat sich dieser Planet manifestiert, zusammen mit den Lebewesen, die auf seiner Oberfläche umherstreifen, durch seine Gewässer gleiten und durch seine Lüfte sausen. Es gibt unzählige Dinge zu sehen, und es gibt die Fähigkeit, sie zu sehen; es gibt unzählige Töne zu hören, und es gibt die Fähigkeit, sie zu hören. Die Nase kennt Gerüche, der Körper kann tasten und fühlen.

Anstatt das, was geschieht, sofort zu benennen und zu beurteilen, ist es möglich, einfach präsent zu sein. Selbst wenn Sie keinen Zugang zu allen Sinnen haben, können Sie Ihren Geist öffnen und alles, was auftaucht, tief wertschätzen. Manche Geräusche zum Beispiel mögen zunächst gewöhnlich oder sogar unangenehm erscheinen, aber das gilt nur auf einer Ebene, nämlich der Ebene von Beurteilung. Stattdessen können Sie dem Klang als Klang zuhören. Auf diese Weise kann alles, was Sie hören, reich und unermesslich werden. Die folgende Übung kann Ihnen dabei helfen. Besonders angenehm ist es, dies im Freien zu tun.

## Übung 3

## Alle Klänge willkommen heißen

Setzen Sie sich bequem hin. Nehmen Sie sich ein paar Minuten Zeit, um jegliche Anspannung loszulassen und den Körper und den Atem zu entspannen. Hören Sie nun zu; hören Sie einfach zu. Welche Geräusche auch immer um Sie herum auftauchen, seien Sie mit ihnen. Wenn es ruhige Momente zwischen den Klängen gibt, seien Sie auch bei denen. Sollten Sie in Gedanken oder Gefühle abdriften, kehren Sie sanft zum Zuhören zurück. Das ist alles, was Sie tun müssen. Alle Klänge sind willkommen, sie kommen und gehen. Wie erstaunlich! Wo auch immer Sie sind, erklingt für Sie eine Symphonie aus Klang und Stille, die Sie genießen können.

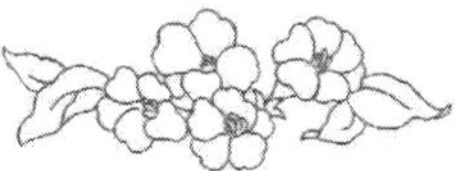

Wenn Sie Wertschätzung für alle Klänge entwickeln, können Sie die Erfahrung tiefer erkunden, indem Sie noch mehr wahrnehmen. Lösen sich Spannungen in Ihrem Körper, wenn Sie offener zuhören? Was geschieht mit Ihrem Atem beim offenen Zuhören? Was fühlen Sie, wenn der Klang Ihr Herz berührt?

Der Sehsinn wiederum führt zu anderen Erfahrungen. Das Auge nimmt Licht auf, und fast augenblicklich erkennen Sie Farbe, Form und Gestalt. Die Gelegenheit zur Wertschätzung ist da, aber schon einen Moment später übernehmen meist Reaktionen und Urteile die Oberhand. Können Sie diesen Prozess verlangsamen und sich für die zugrunde liegende Freude des einfachen Sehens öffnen?

## Übung 4

## Einfach nur sehen

Setzen Sie sich bequem hin, entspannen Sie Körper und Atem. Entspannen Sie die Augenpartie und lassen Sie Ihren Blick sanft werden. Nehmen Sie sich dafür etwas Zeit. Schauen Sie sich nun um; sehen Sie einfach. Sehen Sie Formen, Muster, Licht und Schatten, die Nuancen der Farben. Sie müssen sich nicht auf ein bestimmtes Objekt konzentrieren, etwas benennen oder über das Gesehene einen inneren Dialog führen. Sie können sich entspannen und einfach das Sehen genießen. Wie vielschichtig und interessant die Welt ist!

So können Sie nacheinander alle Sinne wecken, und ihren jeweiligen, einzigartigen Geschmack genießen. Je mehr Sie wertschätzen, desto mehr werden Ihre Sinne enthüllen.

Dieses Wechselspiel zwischen Wertschätzung und neuen Wahrnehmungsebenen lässt ein weites Feld von Erscheinungen entstehen, die bisher verborgen waren. Das filigrane Muster der Äste eines kahlen Ahorns, die kleinen Pausen zwischen den Atemzügen, die erstaunliche Vielfalt der Farben auf den Flügeln eines Vogels können sich plötzlich zeigen, und Sie werden feststellen, dass Sie in einer neuen und reicheren Welt leben.

## Erinnerung an freudige Momente

Wir alle haben hin und wieder in unserem Leben Glück erlebt, kostbare Momente, die wir in unserem Herzen tragen. Sie können Freude kultivieren, indem Sie sich an solche Momente erinnern, in denen sich die Wolken der Negativität verzogen hatten und Sie sich vollkommen freudig fühlten. Die folgende Übung kann Sie dabei unterstützen.

## ÜBUNG 5

## Freude kultivieren

Erinnern Sie sich an einen Moment, in dem Sie etwas gesehen, gehört, geschmeckt, gerochen oder berührt haben, das Sie mit Freude erfüllt hat — ein Sonnenaufgang, ein Baby, das zum ersten Mal lächelt, ein kleiner Vogel, der in seinem Nest zwitschert. Betrachten Sie diesen Moment so eingehend und detailliert wie möglich, egal wie kurz er war. Während Sie das Erlebnis noch einmal durchleben, spüren Sie den Gefühlen nach, die Sie damals empfunden haben.

Wenn Sie sich zum Beispiel bei einem Konzert tief in ein Musikstück vertieft haben, versetzen Sie sich in dieses Erlebnis zurück und achten Sie auf die Einzelheiten. Wie hat es sich angefühlt, auf dem Stuhl zu sitzen, die Füße auf dem Boden zu spüren, von der Dunkelheit im Konzertsaal umgeben zu sein? Die Musiker begannen zu spielen und plötzlich veränderte sich alles. Vielleicht war es die Melodie, vielleicht waren es unerwartete Harmonien im Orchester oder elegante Sprünge und Wiederholungen, die Sie zutiefst berührten. Interpretationen, Kommentare und Reaktionen verstummten und Sie tauchten ganz in den Klang ein. Lassen Sie zu, dass sich diese Gefühle reiner Freude ausbreiten — über die Grenzen Ihres Körpers hinaus in den Raum um Sie herum.

Und wie war das? Hat sich Ihr Herz geöffnet? Hatten Sie Tränen in den Augen angesichts des Glücks, an das Sie sich erinnert haben?

Indem Sie die Verbindung zwischen Freude, Offenherzigkeit und Präsenz erforschen, können Sie sogar über das Wiedererleben von Erinnerungen hinausgehen. In Wirklichkeit brauchen Sie weder einen bestimmten Anlass noch eine besondere Art von Wahrnehmung, um Ihr Herz zu öffnen. Mit ein wenig Übung kann Ihr Herz immer offen sein.

## Übung 6

## Das Herz öffnen

Machen Sie es sich auf Ihrem Stuhl oder Meditationskissen bequem. Ihr Körper wird ruhig und Ihr Atem sanft und gleichmäßig. Reiben Sie Ihre Hände aneinander, bis Sie eine gewisse Wärme spüren. Legen Sie eine Hand auf Ihr Herz und die andere darüber. Spüren Sie Ihren Herzschlag. Das ist alles, spüren Sie nur das Schlagen Ihres Herzens. Lassen Sie die Wärme Ihrer Hände durch Ihre Kleidung und Ihre Haut dringen und das Innerste Ihres Herzens erwärmen, entspannend und heilend. Bleiben Sie eine Zeit lang sitzen und genießen Sie dieses Gefühl. Auch wenn Sie Ihre Hände wieder abgesenkt haben, bleiben Sie weiter mit dem Gefühl in Kontakt.

Positive Gefühle stehen uns hier und jetzt voll zur Verfügung. Sie können sich über den Wind in Ihrem Gesicht freuen, über die Sonne auf Ihrer Haut oder den Klang der Vögel, die über Ihnen fliegen. Sie können auch das akzeptieren und schätzen, was Ihnen weniger angenehm erscheint: das Geräusch von Maschinen, beim Aufwachen den sauren Geschmack im Mund, bei Sorgen die Enge in Ihrer Brust.

Je mehr Sie lernen, jeden Augenblick zu schätzen, mit frischem Blick zu sehen, neue Klänge zu hören, desto mehr werden Sie erkennen, dass Erfahrung nicht aus festen und soliden Einheiten besteht. Sie kann besser als eine Fata Morgana verstanden werden, die, obwohl substanzlos, nicht weniger schön ist.

## Besondere Dankbarkeit entwickeln

Wertschätzung entsteht spontan, wenn Sie über all das nachdenken, was Ihr Leben möglich gemacht hat. Denken Sie an die unzähligen Menschen und Ereignisse, die diesen gegenwärtigen Moment ermöglicht haben: Ihre leiblichen Eltern; all die Menschen, die Sie großgezogen und Ihnen als Lehrer gedient haben; die schützende Erde; die chemischen Stoffe, die zusammenkamen, um Ihren einzigartigen Körper zu erschaffen. Dank dieser und vieler anderer Ursachen haben Sie jetzt die Möglichkeit, alles zu genießen, was das Leben zu bieten hat. Sie können fühlen, spüren, denken und kommunizieren. Sie können das Leben mit offenem Herzen umarmen.

Die Grenze zwischen Gleichgültigkeit und Wertschätzung hängt von der Sorgfalt ab, mit der man darüber nachdenkt. Einige meiner frühesten Erinnerungen stammen aus der Zeit, als ich zwei oder drei Jahre alt war und noch nicht abgestillt war. Ich erinnere mich, wie ich darum kämpfte, an der Brust meiner Mutter zu sein. Ich bin ihr so dankbar für ihre grenzenlose Liebe; sie war bereit, alles für mich zu opfern. Wenn sie mich maßregelte, war ihr Schmerz größer als mein eigener.

Wir alle haben Herzlichkeit erfahren, unabhängig von unserer Lebensgeschichte. Blicken Sie mit besonderer Dankbarkeit auf das Wohlwollen derer zurück, die Sie bei Ihrem Aufwachsen begleitet haben. Vielleicht sind Sie, als Sie älter wurden, in der einen oder anderen Weise mit ihnen aneinandergeraten, aber das ist hier nicht von Bedeutung. Als Sie noch klein und hilflos waren, war jemand da, der Ihnen half zu lernen und zu wachsen.

Denken Sie auch an Ihre Großeltern und an den Stammbaum Ihrer Vorfahren. Ohne sie würden Sie nicht leben, Sie stehen in ihrer Schuld — einer Schuld, die Sie nie zurückzahlen können. Denken Sie an die Probleme und Schwierigkeiten, die Ihre Vorfahren ganz sicher hatten. Sie können die Vergangenheit nicht ändern oder ihr Leiden auslöschen, aber Sie können ihnen Ihre Wertschätzung entgegenbringen; Sie können Ihre Freude mit ihnen teilen.

Am wichtigsten ist, dass Sie sich selbst Wertschätzung und Freude entgegenbringen. Wenn Sie sich entschließen, für Ihren Körper, Ihren Geist und Ihre Seele zu sorgen, fließt Freude frei durch die Tiefe Ihres Wesens, und Transformation wird möglich. Hier ist eine Vorlage, die Sie verwenden können, um Ihren Tag zu beginnen, aber Sie können stattdessen auch Ihre eigenen Worte verwenden.

## ÜBUNG 7

## Der Entschluss, für sich selbst zu sorgen

Sobald Sie morgens aufstehen, atmen Sie dreimal tief durch, nehmen Sie bewusst das Ein- und Ausatmen wahr. Genießen Sie, wie Ihr ganzer Körper atmet, und wie der Atem Sie mit der Welt um Sie herum verbindet.

Nehmen Sie sich dann ein paar Augenblicke Zeit, um über Ihr Glück nachzudenken. Selbst wenn Sie es mit Hindernissen oder mit traurigen und schmerzhaften Umständen zu tun haben, können Sie sich daran erinnern, wie außerordentlich es ist, am Leben zu sein. Sie sind mit Lehren in Kontakt gekommen, die Ihr Leben vollständig verändern können; Sie können sich dazu entscheiden, von diesem Moment an anders zu leben. Lassen Sie sich davon inspirieren.

Nehmen Sie sich nun vor, für sich selbst zu sorgen. „Von heute an werde ich mich jeden Tag gut um mich selbst kümmern. Ich werde etwas für meinen Körper, meinen Geist und meine Seele tun; ich werde Freude kultivieren; ich werde meine Sinne für die Reichtümer wecken, die mir zur Verfügung stehen, und teilen, was ich lerne und weiß."

Sie müssen nicht unbedingt Sprache benutzen. Allein die Absicht ist wie eine reinigende frische Dusche. Ihre Talente werden offenbar und Ihre Bereitschaft wertzuschätzen wird gestärkt.

## Anderen Freude schenken

Sobald Sie Ihre Erfahrung genießen, können Sie diese Freude ausdehnen und an Ihre Freunde, Verwandten und Lieben weitergeben. Sie können den Kranken und den Gesunden, den Schwachen und den Starken, denjenigen, die in Angst leben, wie auch denen, die Macht an sich gerissen haben, Freude schenken. Mit allen Wesen können Sie die Möglichkeiten teilen, die Freude bietet, und aus ihr tiefe Liebe erwachsen lassen. Übung 8 bietet ein Beispiel dafür, wie Sie dabei vorgehen können.

### ÜBUNG 8

### Freude mit anderen teilen

Wann immer Sie ein freudiges Gefühl haben, teilen Sie es in Gedanken mit anderen. Dies können Sie mit einem einfachen Wunsch tun. Beginnen Sie ruhig mit Menschen, die Ihnen wichtig sind.

Sie könnten sich zum Beispiel sagen: *Ich fühle mich gerade so glücklich, wenn ich diesen Sonnenuntergang betrachte; ich möchte dieses Gefühl mit meinen Eltern und Kindern teilen.* Es ist egal, welche Worte Sie verwenden. Wichtig ist nur, tief im Herzen Wertschätzung zu empfinden und diese dann mit anderen zu teilen.

Wenn Sie sich sehr wohl dabei fühlen, positive Gefühle mit geliebten Menschen zu teilen, können Sie den Kreis ausweiten: *Ich fühle mich gerade so glücklich, dass ich dieses Gefühl mit meinen Eltern, meinen Kindern, meinen Freunden teilen möchte; mit jedem, den ich kenne.*

Und dann weiter: *Ich möchte sie mit allen Wesen, die in meiner Stadt leben, teilen.* Und dann - warum nicht? - können Sie immer weiter machen: *mit denen, die in meinem Land leben, in der Welt, in der Vergangenheit, der Gegenwart und der Zukunft,* bis Sie Ihr Glück mit allen Wesen teilen, zu allen Zeiten, überall. Ja, sogar mit den Bösewichten!

Wenn Sie über alles nachdenken, was Sie haben, alles, was Sie hatten, und alles, was noch kommen mag, wird sich Ihre Wertschätzung ganz natürlich ausweiten. Stellen Sie sich eine herzliche Umarmung vor, um Ihre Dankbarkeit auszudrücken; stellen Sie sich einen Regen süßer Küsse vor. Stellen Sie sich das wirklich vor! Lassen Sie Groll, Wut und schmerzhafte Erinnerungen los. Heißen Sie alles willkommen, was auftaucht. Dieser gegenwärtige Moment, so wie er ist, ist der Lehrer, den Sie gesucht haben.

Während sich Ihr Leben entfaltet, können Sie jeden Augenblick vollständig öffnen. Es besteht keine Notwendigkeit, zu studieren oder sich an eine richtige Sichtweise zu klammern. Nehmen Sie den Wanderstab der Freude und begeben Sie sich auf das Abenteuer Ihres restlichen Lebens.

# Intermezzo

Das Herz schlägt,

der Atem strömt ein und aus,

der Körper wird getragen von der Erde Gnaden.

Sie sind jetzt hier.

Wie erstaunlich!

Und die Gedanken?

*Lassen Sie sie frei fliegen durch den himmelgleichen Geist!*

## Kapitel drei

# Leben unter dem Regime des Geistes

Sind Ihre Gedanken frei? Wenn nicht, hat das Regime des Geistes Sie fest in seinem Griff. Es ist an der Zeit zu erforschen, was das bedeutet.

## Körper, Sprache, Geist

Um zu verstehen, warum das menschliche Leben mit so viel Leid verbunden ist, richten wir unsere Untersuchung auf die drei Ebenen aus, die wir haben, um mit uns selbst und der Welt zu kommunizieren. Es sind Körper, Sprache und Geist.

Der **Körper** ist die Grundlage der Identität: ‚Ich' ist der Körper, auch der physische Körper, doch wir können auch das Land, in dem wir zur Zeit leben, als ‚Körper' betrachten. Was auch immer als Grundlage für unsere Identität dient, kann als ‚Körper' angesehen werden.

Der physische Körper liefert den Rohstoff für unsere Erfahrungen. Der Körper kann eine Quelle großer Freude sein: der feine Geschmack eines Essens, das süße Vergnügen eines Dufts, die intensive Lust beim Sex. Wir finden Heilung im Schlaf und sind berührt von der Schönheit der Kunst und der Natur. Wir schätzen die Qualität von Leichtigkeit und Entspannung, die durch unsere Sinne strömt, und genießen den Energiefluss, der den physischen Körper belebt.

Doch der Körper kann auch eine Quelle von Unbehagen sein. Wir kennen chronische Schmerzen und solche, die sich plötzlich und unerwartet einstellen — ein Bienenstich, ein Schlag auf den Kopf, ein überdehnter Muskel. Der Geruch von Müll ruft Ekelgefühle hervor; eine Unfähigkeit zu atmen beherrscht die ganze Erfahrung. Wenn Sie stürzen, zerbricht Ihre ganze Welt durch den plötzlichen Schock. Bei Erschöpfung sind Sie hilflos und unfähig, sich zu bewegen; bei Überreizung können Sie nicht stillhalten. In einem dumpfen Zustand fühlen Sie sich nicht mehr lebendig. Hunger und Durst führen dazu, dass alles andere unwichtig erscheint.

Die **Sprache** macht aus der Erfahrung etwas, das benannt und identifiziert werden kann. Im Akt der Wahrnehmung kommt eine besondere Stimme ins Spiel, ich nenne sie ‚den Flüsterer'. Der Flüsterer ist bereits aktiv, bevor die Sinne Daten erhalten. Er weist auf alles hin, erklärt und interpretiert es: „Hier ist dein Haus; das ist ein schönes Auto; was machen diese Leute?" Was benannt wird, erscheint nur für kurze Zeit und ist dann verschwunden, vielleicht im nächsten Augenblick durch eine andere Erscheinung ersetzt, die fast identisch ist. Wahrnehmungen kommen und gehen, steigen und fallen wie Wellen, kräuseln sich nach außen, weiten sich aus und verlaufen vorwärts und rückwärts in Schleifen.

Der **Geist** manifestiert seine eigene Bandbreite an Erfahrungen. Positiv betrachtet können Kummer und Sorgen durch Freude umgewandelt werden und Glückseligkeit eröffnet eine neue Welt. Mit liebevoller Fürsorge bleibt unser Blick klar. Gleichmut bewahrt den Geist vor Befangenheit, während Klarheit das Gleichgewicht aufrechterhält. In Frieden zu sein ist Balsam für alles, was geschehen mag. Mut ist eine Stütze, und Geduld macht es möglich, zu handeln, wenn Hindernisse auftauchen. Fleiß sorgt dafür, dass wir unsere Ziele nicht aufgeben. Akzeptanz ist ein Verbündeter in allen Lebenslagen, Vertrauen und Zuversicht überwinden Grenzen. Respekt bringt Demut, während Scham uns daran erinnern kann, dass etwas schief gelaufen ist. Ehrfurcht öffnet den Geist für höhere Sphären, und Hingabe löst die Grenzen auf, die entstehen, wenn man das ‚Ich' in den Mittelpunkt stellt.

Der Geist unterstützt auch die ‚Wissensfähigkeit'. Interesse hält unsere Fähigkeiten wach, und Neugierde ist eine Einladung, weiter zu reisen. Spekulationen sind eine Gelegenheit, mehr zu erfahren, und die Vorstellungskraft eröffnet Welten des Staunens. Achtsamkeit fördert ein besseres Verständnis, und Konzentration erweckt verborgene Fähigkeiten des Geistes. Differenzierte Einsicht ist ein zuverlässiger Führer, während Weisheit über das Bekannte hinausgeht. Erforschung ist ein geschätzter Freund und führt uns zu neuen Einsichten.

## In Unwissenheit gefangen

Negativ betrachtet manifestiert der Geist auch sehr leicht toxische Eigenschaften. Verlangen, Gier und Sehnsucht können nie gestillt werden. Besitzgier führt zu einer engen Weltsicht. Stolz und Arroganz verzerren die Vision, Eifersucht lässt uns keine Ruhe und Ärger verzerrt die Wahrheit. Furcht und Angst erzeugen selbst in den glücklichsten Verhältnissen Missbehagen. Hass zerstört Leben, Bedauern und Schuldgefühle erschüttern den inneren Frieden.

Wenn Verwirrung die Oberhand gewinnt, weicht die natürliche Erkenntnisfähigkeit des Geistes einem Gefühl der Dumpfheit oder wird durch Unwissenheit gelähmt. Konzepte und Gedanken wuchern, und die Welt wird klein und dunkel. Zweifel zerstören Gewissheit; Misstrauen und Paranoia vernebeln den Geist noch mehr. Emotionen wie Bosheit, Unehrlichkeit und Heuchelei sind wie Diebe, welche die Integrität rauben. Hoffnungen und Angst verhindern eine klare Sicht. Gleichgültigkeit mag sich als Gleichmut ausgeben, aber sie zerstört jegliches Wissen darüber, was Wert hat. Faulheit untergräbt Ziele und lässt uns in eine Welt flüchten, in der nichts zählt.

Unabhängig davon, wie Ihr Körper, Ihre Sprache und Ihr Geist mit der Welt in Berührung kommen — und diese Liste ließe sich noch viel weiter fortsetzen —, das Muster ist das gleiche. Der Flüsterer identifiziert und Sie reagieren. Die Erfahrung entfaltet sich in charakteristischen Rhythmen, ein geistiges Ereignis folgt auf das andere. Das Gedächtnis stellt eine Verbindung zwischen der Gegenwart und der Vergangenheit her, aber der Bereich des Möglichen bleibt konstant. Man erlebt, man vergisst, und man erlebt wieder. Wie ein kleines Kind, das sich plötzlich auf einer belebten Straße verirrt, wissen Sie nicht, wie Sie in das *Jetzt* gelangt sind, und haben kein Vertrauen in die Zukunft. Sie akzeptieren die Verwirrung als den Lauf der Dinge.

## Leben in Verblendung

Lässt man das Regime des Geistes unkontrolliert walten, führt dies unweigerlich zu Verblendung. Mit Verblendung meine ich die Unfähigkeit, das, was vor sich geht, zu begreifen. Wir können nicht erkennen, wie Anfänge und Enden zusammenhängen. Wir wissen nicht, wie die ‚Jetzt-Erfahrung' entstanden ist, wem sie erschienen ist und so weiter. Übergänge ereignen sich unerwartet und überraschen uns. Der Geist ist aktiv, aber seine Operationen sind undurchsichtig. Es ist ähnlich wie beim Träumen: Wir können die Formen und Gestalten, die in einem Traum von einem Moment zum anderen auftauchen, niemals vorhersagen. Wir verstehen auch nicht, woher sie kommen. Der verblendete Geist verändert sich von selbst, und wir können nicht sagen, wohin er uns als Nächstes führen wird.

Dennoch können wir die Anzeichen von Verblendung erkennen: Wir haben eine sehr eingeschränkte Sicht auf das, was jetzt geschieht; daher ist das Gefühl, eingeschränkt zu sein, ein guter Hinweis. Ein weiteres Zeichen ist, dass wir die Konsequenzen unseres Handelns nicht verstehen. Objektiv betrachtet kann man sagen, dass Verlangen zu Anhaftung und sogar zu Abhängigkeit führt und dass die Folge davon Leiden ist. Wenn wir jedoch in Verblendung leben, haben wir keine Möglichkeit, diese Zusammenhänge zu sehen. Wir trinken weiterhin zu viel, kaufen Dinge, die wir uns nicht leisten können, und lenken uns mit sinnlosen Aktivitäten ab. Wir sehen einfach nicht, wohin das alles führt, und können uns selbst nicht aufhalten.

Ein Leben in Verblendung ist enorm frustrierend. Wenn Hindernisse auftauchen, wissen wir nicht, wie wir darauf reagieren sollen. Wir können die Ursachen nicht genau verfolgen, also geben wir anderen die Schuld, oder wir nennen es ‚Pech'. Es mag uns nicht gefallen, was geschieht, aber wir sind machtlos, etwas dagegen zu tun.

## Die Verblendung durchschauen

Es ist möglich, Verblendung zu durchschauen, indem wir die Teile der Erfahrung stärken, die grundsätzlich gesund sind. Sie können damit beginnen, sich zu entspannen. Der Körper hat zum Beispiel bestimmte gewohnheitsmäßige Gesten und Haltungen angenommen. Vielleicht lassen Sie Ihre Schultern hängen und Ihre Wirbelsäule ist nicht gerade aufgerichtet. Sie gehen auf eine bestimmte Art und Weise, was dazu führen kann, dass sich Ihre Hüften verkrampfen. Auch Ihre Atmung spiegelt ein charakteristisches Muster wider — flach oder tief, schnell oder langsam, je nach Stress und Sorgen und der Art und Weise, wie Ihre Gedankenmuster funktionieren. Das alles sind Aspekte, die Sie entspannen können. Hier ist eine Übung, mit der Sie beginnen können.

### ÜBUNG 9

### In die Stille eintauchen

Beginnen Sie einfach, indem Sie ruhig sitzen und sich entspannen. Sie können jede bequeme Haltung einnehmen, in der Ihr Rücken gerade, aber nicht starr ist. Legen Sie die Hände leicht auf die Knie oder in den Schoß, lassen Sie die Augen leicht geöffnet und locker ein paar Meter nach vorne gerichtet.

Lassen Sie alle Anspannung los. Entspannen Sie Ihre Augen, Ihre Stirn, Ihren Nacken, Ihre Hände. Lassen Sie Ihren Körper so weich, sanft und locker werden, wie Sie nur können.

Dabei wird sich Ihre Atmung auf natürliche Weise verlangsamen. Der Atem fließt sanft und gleichmäßig wie eine sanfte Brise. Achten Sie leicht auf Ihr Ein- und Ausatmen. Dies ist kein strenges oder formelles Beobachten, wie Sie es beim Zählen von Atemzügen tun würden, sondern ein sanftes, offenes Gewahrsein, das den Atem direkt berührt und eine Qualität der Gleichmäßigkeit in ihm anregt.

Wenn Sie locker und ruhig sitzen, werden sich Ihre Gedanken ganz natürlich verlangsamen. Sie können sich der Stille im Geist bewusst werden. Genießen Sie das Gefühl von Ruhe und Weite; erlauben Sie, dass es sich in Körper, Atem und Geist ausdehnt.

Beim Sprechen können Sie Ihren Atem entspannen, Ihren Tonfall mildern und mit sanfter Stimme reden. Sie können Ihre Worte sorgfältiger wählen und die Schärfe bestimmter Ausdrücke vermeiden. Wenn Sie dazu neigen, mit Ihrer Meinung herauszuplatzen, können Sie sich darin üben, zu schweigen, und wenn Sie etwas beizutragen haben, aber normalerweise schüchtern sind, können Sie lernen, das Wort zu ergreifen.

In der Kommunikation ist Zuhören genauso wichtig wie Sprechen. Wenn Sie nicht gut zuhören, wenn Ihnen viele Gedanken durch den

Kopf gehen, während andere mit Ihnen sprechen, oder wenn Sie die andere Person unterbrechen und sie nicht ausreden lassen, dann kehren Sie zu Übung 3 zurück und üben Sie das offene Zuhören. Sie können lernen, auf einer tieferen Ebene zu hören, indem Sie nicht nur auf die Worte achten, die jemand sagt, sondern auch auf den Tonfall der Stimme, auf das Muster von Tönen und Pausen, die einzigartige stimmliche Signatur, und auf die Gefühle, die unter der Oberfläche der Worte ausgedrückt werden.

Was den Geist betrifft, so ändert er sich ständig, doch ein Standardmuster wiederholt sich: Eine neue Situation taucht plötzlich auf, Sie finden sich in ihr wieder und nehmen an, sie sei real. Der Flüsterer sagt Ihnen, wie die Dinge sind, und Sie machen mit und reagieren auf das, was präsentiert wird: „Ich mag dies und ich mag das nicht." „Jetzt bin ich ängstlich, aber vor einer Stunde war ich noch ruhig."

Der Weg, mit all dieser Komplexität umzugehen, besteht einfach darin, sich zu öffnen und loszulassen. Sanft und leise können Sie Ihr Festhalten an der vorher festgelegten Wahrheit dessen, was geschieht, loslassen.

Die Situation wird sich weiter entfalten, aber sie wird Ihre Reaktionen nicht mehr auf die gleiche Weise beeinflussen. Lassen Sie Ihren Körper, Ihren Atem und Ihren Geist ruhig werden. Wenn aufgewühlte und emotionale Gedanken hochkommen, brauchen Sie nicht mit ihnen zu kämpfen oder ihnen nachzugeben. Wenn Sie sich entspannen und den Manifestationen des Geistes erlauben, frei zu kommen und zu gehen, wird eine grundlegende Veränderung beginnen. Hier ist eine Übung, die Ihnen dabei helfen kann.

## ÜBUNG 10

# Gedanken wie Vögel

Sitzen Sie ruhig und entspannen Sie Ihren Körper so weit wie möglich. Bringen Sie Leichtigkeit in Ihren Atem, und lassen Sie die Gedanken auf natürliche Weise langsamer werden. Anstatt zu kämpfen oder sich geistig anzustrengen, stellen Sie sich vor, einen neuen Ort zu besuchen, an dem Gedanken, Empfindungen, Gefühle und Bilder keine Rolle spielen.

Es kann hilfreich sein, sich den Geist als leeres Haus mit offenen Türen und Fenstern vorzustellen. Der Wind weht durch das Haus, mal kühl, mal warm, und die Gedanken fliegen frei herum wie Vögel, die durch die offenen Fenster und Türen ein- und ausfliegen. Manche sind still und ruhig, andere laut und fordernd. Wie ein leeres Haus können Sie einfach nur da sein und alles, was auftaucht, willkommen heißen — offen, geräumig und einladend, so dass der Fluss der Erfahrung ohne Kommentar entstehen und vergehen kann.

Wenn Sie sich entspannen und dem Geist erlauben, sich wie der Himmel zu öffnen, lassen Sie auch jeden Gedanken daran los, was Entspannung ist. Es gibt keine Notwendigkeit, irgendetwas anzupassen oder zu verändern; keine Notwendigkeit, sich zu verbessern oder sich zu fragen, ob man es ‚richtig' macht. Lassen Sie sogar diese Anregungen in den himmelgleichen Geist ein- und ausfliegen, wie eine sanfte Brise oder ein kleiner, lieblicher Vogel.

## Formale Meditation

Wenn Sie eine formelle Meditationspraxis ausüben, glauben Sie vielleicht, dass diese Art von Offenheit automatisch eintritt, wenn Sie täglich zwanzig Minuten oder eine Stunde lang meditieren. Aber die Situation ist viel komplexer.

Wenn man von einem Gefühl von ‚Ich' und ‚Mein' ausgeht, wird man in der Meditation auch nichts anderes entdecken. Die Einsichten, die Meditation ermöglichen kann, werden sofort in Konzepte umgewandelt, in Variationen verschiedener Standpunkte, die Sie bereits vertreten. Aber wirklich neues Wissen entsteht nicht dadurch, dass man seine bestehenden Vorlieben und Abneigungen, Pros und Kontras bestätigt.

Meditation ermöglicht Zugang zu Bewusstseinszuständen, die normalerweise nicht verfügbar sind. So entstehen neue Möglichkeiten zu forschen und zu erkunden und sich auf neuartige Übungswege zu begeben. Leider gehen die meisten Meditierenden mit ihrer Meditation nicht weit genug. Sinkt man unter die Ebene der gewöhnlichen bewussten Erfahrungen, erreicht man vielleicht einen Ort des Friedens, aber wenn man dort verweilt, bleibt die Erfahrung vage und unbestimmt.

Von Zeit zu Zeit können wir das Gefühl haben, über das Regime hinausgegangen zu sein, aber jede Erleichterung, die wir gefunden haben, verblasst bald, wie der schöne Traum der letzten Nacht. Die Vorstellung, wir könnten uns mit dem Geist vereinen, uns mit dem Geist anfreunden oder uns von der Domäne des Geistes befreien, bleibt eher Phantasie als eine reale Möglichkeit.

Wirkliche Veränderung tritt ein, wenn wir entdecken, wie wir unsere Bewusstheit auffrischen und neu programmieren können, wie wir innere Klarheit finden und die bereits vorhandene ausbauen können. All dies hängt auch von Wertschätzung ab. Auch eine distanzierte oder wertende Haltung gegenüber der eigenen Erfahrung ist wertvoll, aber sie wird nicht ausreichen.

Fragen Sie sich also ehrlich: Ist Ihre Meditation offen und frei? Staunen Sie über die Möglichkeiten, Ihren Körper, Ihren Geist und die zahllosen Aktivitäten, die in jedem Moment stattfinden, zu genießen? Geben Sie sich selbst liebevolle Umarmungen und süße Küsse?

Wenn nicht, ist es vielleicht an der Zeit, Ihre Praxis anders anzugehen. Es beunruhigt Sie nur, wenn Sie davon ausgehen, dass Gedanken in der Meditation ein Problem darstellen, wenn Sie versuchen, Ihren Geist zu kontrollieren, oder wenn Sie sich danach sehnen, eine besondere, glückselige Erfahrung zu wiederholen. Diese Anspannung wird all Ihre Aktivitäten durchdringen, die Meditation genauso wie alles andere.

Lassen Sie stattdessen die Möglichkeit zu, dass die Meditation ihren eigenen Rhythmus hat, mit Zeiten der Ruhe und Zeiten der Störung. So wie die Wellen an der Oberfläche nicht von den Tiefen des Ozeans getrennt sind, sind auch die Gedanken, die immer wieder auftauchen, nicht von der Tiefe des stillen Geistes getrennt.

Lassen Sie zu, was immer Sie beim Meditieren fühlen. Sie brauchen nichts zu ändern oder wegzuschieben. Ruhen Sie in einem Zustand, in dem es keine Anweisungen gibt, es gibt nichts zu tun. Was auch immer geschieht, gehört nicht Ihnen, also müssen Sie auch nicht daran festhalten oder es benennen. Bleiben Sie offen, und Sie werden vom Raum geküsst.

## Eine andere Art des Seins

Was können Sie tun, wenn Sie keine formelle Meditationspraxis haben oder diese festgefahren zu sein scheint? Entspannen Sie sich und nehmen Sie alles, was geschieht, wertschätzend an, *so wie es geschieht*. Sind Körper, Sprache und Geist entspannt, kommen die tieferen Energien und inneren Kräfte der Psyche zum Vorschein. Sie bekommen ein Gefühl für eine andere Art des Seins, eine, die nichts mit dem Regime des Geistes zu tun hat. Es kann einige Zeit dauern, sich vollständig von den Mustern des Geistes zu befreien, aber Entspannung ist der beste Weg, damit zu beginnen.

Entspannen Sie sich am Morgen, wenn sich Ideen und Wahrnehmungen aufzudrängen beginnen. Entspannen Sie sich tagsüber, wenn die Versuchung groß ist, sich in alles zu verstricken, was sich Ihnen bietet. Entspannen Sie sich am Abend, wenn der Tag zu Ende geht und Sie den Drang verspüren, nach Ablenkung zu suchen. Hier ist eine weitere Übung, die Sie vielleicht genießen werden.

### ÜBUNG 11

### Neuheit und Jetztheit

Gehen Sie spazieren oder setzen Sie sich einfach still an einen Ort, an dem Sie noch nie waren. Lassen Sie sich auf das Neue, das Unbekannte des Raumes ein, in dem Sie sich befinden. Alles kann passieren oder auch nichts. Sie brauchen keine Erwartungen zu haben oder Pläne zu machen. Genießen Sie das Neue und das Jetzt, erlauben Sie allen Gefühlen, frei zu fließen. Mit der Zeit werden sie sich vielleicht nach außen ausbreiten, vielleicht auch nicht.

Sobald sich Ruhe einstellt, brauchen Sie sich nicht extra bemühen, diese aufrechtzuerhalten. Sonst werden Sie sich durch das Festhalten anspannen. Anstatt zu kämpfen, lassen Sie Körper, Energie und Geist offen sein. Seien Sie sanft und locker, und entspannen Sie sich dann noch etwas mehr. Sie werden feststellen, dass sich Mitgefühl und Weisheit ganz natürlich manifestieren, wenn Sie entspannt und locker sind.

Mitgefühl wird Ruhe und Gelassenheit auf eine tiefere Ebene bringen. Es wird Sie darauf vorbereiten, jeden zu umarmen und zu küssen, selbst diejenigen, die Sie nicht kennen oder nicht mögen.

## Frieden ist immer möglich

In jeder Lebenslage sind Leichtigkeit und Freude verfügbar. Sie können auf eine formale, strukturierte Weise meditieren, wenn Sie das als hilfreich empfinden, aber wenn Sie sich auf das formelle Sitzen allein verlassen, um dauerhafte Ergebnisse zu erzielen, werden Sie vielleicht lange warten müssen. Lassen Sie sich stattdessen von dem inspirieren, was gerade geschieht. Sie können mit Ihren Gedanken üben, mit Ihren Sinneseindrücken und mit allem, was sich manifestiert. Sie brauchen keine besonderen Erfahrungen, keine strenge Disziplin und kein formelles Sitzen.

Bieten Sie sich selbst eine herzliche Umarmung an, eine nährende Umarmung, und teilen Sie Ihre Freude mit anderen. Es ist nicht kompliziert. Frieden ist immer greifbar. Wenn Sie ihn berühren, können Sie ihn teilen. Das ist alles.

KAPITEL VIER

# Begegnung mit den Torwächtern

## Ich, Mich, Mein und Geist

Von allen Manifestationen, die sich im Geist ausbreiten, sind es vor allem vier — *Ich, Mich Mein* und *Geist*[3] — die Erfahrung formen und kontrollieren. Ich nenne sie die ‚Torwächter'.

Jeder Mensch, der jemals gelebt hat, hat ein *Ich*, oft auch ‚Ego' genannt. Sowohl die Mächtigsten als auch die Bescheidensten unter uns glauben an das *Ich* und überlassen ihm das Kommando. Das *Ich* muss sich sicher fühlen, also macht es sich selbst zu etwas Besonderem und hebt sich von allen anderen ab. Das *Ich* sehnt sich nach Respekt und fürchtet die Schande, es liebt den Erfolg und hasst den Misserfolg. Das *Ich* glaubt, dass es der Held seiner eigenen Geschichte ist, und beurteilt und interpretiert die Dinge danach, was sie für *Mich* bedeuten.

Wie jeder Herrscher klammert sich das *Ich* an seine Besitztümer und verteidigt sie aggressiv. *Meine* Sicherheit steht an erster Stelle; *meine* Eigenschaften sind besser und echter als die anderer. *Meine* Familie, *meine* Religion und *mein* Land sind wichtiger als deine. *Meine* Errungenschaften, *meine* Fähigkeiten und *meine* Wünsche zählen. Selbst *mein* Leiden, so schwer es auch zu ertragen ist, gehört *mir* und ist authentischer als deines.

Kommt Ihnen das bekannt vor?

Dann gibt es all die Dinge, die das *Ich* als nicht von mir stammend ablehnt: „Es ist nicht meine Schuld, dass etwas schiefgelaufen ist." „Es war nicht mein Fehler, jemand anderer war dafür verantwortlich. " „Ich hatte keine Wahl." „Wenn Sie glauben, bei mir eine Schwäche gefunden zu haben, liegen Sie falsch."

Das *Ich* ist derjenige, der das Kostüm des Handelnden und Wissenden trägt. Wenn ein Gedanke auftaucht, verkündet das *Ich*, dass *Ich* es bin, der denkt. Wenn etwas gesprochen wird, sagt das *Ich*: „Ich spreche".

Der Geist nimmt dies kleinlaut hin und ist bereit, in diesem Fall den zweiten Platz einzunehmen. Doch wer ist da, um den Geist herauszufordern?

## Ein nahtloses Gewebe

*Ich, Mich, Mein* und *Geist* stellen die Regeln auf und bestimmen, was wie ist. Entitäten werden identifiziert („Das ist jemand, den ich nicht mag"), Richtlinien werden angenommen („Ich werde mich niemals entschuldigen") und Denk- und Gefühlsmuster, Empfindungen und Redensweisen werden zu lebenslangen Gewohnheiten. Religion und Philosophie, Gedanken und Gefühle, Urteile und Vorstellungskraft, persönliche Identität, Beziehungen, Besitz: all dies sind Bereiche, die von den Torwächtern kontrolliert werden. Auf diese Weise ist unsere Welt nahtlos verwoben.

Vielleicht merken Sie bereits, dass Begierden und Anhaftungen, Enttäuschungen und Verwirrungen Ihre Erfahrungen prägen. Immer wieder ertappen Sie sich dabei, wie Sie sich mit belanglosen Vergnügungen und lähmender Bequemlichkeit zufriedengeben und sich selbst um die Chance bringen, ein größeres Ziel zu verfolgen, weil Sie Angst vor Herausforderungen oder Schwierigkeiten haben. Die vier Torwächter unterstützen diese Art des Seins.

Ich möchte klarstellen, dass dies keine Theorie über die menschliche Natur ist, sondern eine Beschreibung dessen, was vor sich geht. Sie können dies selbst testen, indem Sie Ihre eigene Erfahrung erforschen. Wenn Sie feststellen, dass Sie sich immer Sorgen machen, ständig planen, ein wenig Langeweile oder Unruhe spüren, wissen Sie bereits, wie eng die Torwächter Sie binden.

Der Weg zur Freiheit besteht darin, Ihr Verständnis zu vertiefen. Mehr Wissen darüber, wie der Geist funktioniert, lockert den Einfluss der Torwächter und ermöglicht es Ihnen, eine leichtere Art des Seins zu wählen. Wie aus einem Radio, das ständig plärrt, erscheinen Gedanken, Gefühle und Empfindungen, die das *Ich* für sich beansprucht. Woher kommen sie? Welchen Raum nehmen sie ein? Wenn der Augenblick vergeht und ein bestimmter Gedanke verschwunden ist, wohin ist er dann gegangen?

Dies sind Fragen zur Erkundung, keine theoretischen Untersuchungen. Um sie zu erforschen, müssen Sie sich dessen bewusst sein, was in diesem Augenblick geschieht, und genau dort hinschauen, genau jetzt. Die Frage „Wer denkt?" ist keine Anweisung zum Spekulieren, sondern eine Einladung, die Bewusstheit in diesem Moment zu erweitern. Das ist so wichtig! Nichts beeinflusst Ihr Leben so unmittelbar wie Ihr Verständnis — oder Ihr mangelndes Verständnis — davon, wer oder was den Geist steuert.

## Die grundlegende Frage

Die grundlegendste Frage ist vielleicht: Was *ist* der Geist? Wenn wir die Entfaltung des Gehirns anschauen, sagt uns das nicht viel über die Natur des Geistes. Das Gehirn ist da, ja. Aber woher wissen wir, was ‚rot', ‚müde' und ‚rund' ist? Wie kennzeichnet der Geist? Wie funktionieren unsere Vorstellungskraft und Kreativität?

Die Wissenschaftler sind sich über Antworten zu diesen Fragen nicht einig. Tatsächlich ist es nicht einfach zu sagen, wie Antworten überhaupt aussehen könnten, da sie von Sprache abhängen. Sprache bedient sich der Logik des Geistes und gehört zu dessen System. Wissenschaftler verlassen sich bei der Auswahl der zu untersuchenden Fragen, bei der Forschung und bei den Schlussfolgerungen auf *ihre* ‚Torwächter'. Können wir uns immer auf ihre Urteile verlassen? Ist Voreingenommenheit am Werk, werden Teile der Erfahrung ignoriert?

Wir haben Zugang zum Geist, also müssen wir ihn selbst erforschen. Dennoch ergibt sich ein ähnliches Problem. Wie können wir in unserem eigenen Geist nach der Wahrheit über den Geist suchen, wenn Worte wie ‚Geist' und ‚Wahrheit' von ebendiesem Geist, den wir erforschen, identifiziert, definiert und verifiziert werden? Dieselbe Situation besteht auch dann, wenn wir den Geist hinterfragen; wenn wir uns weigern zu akzeptieren, was der Geist als ‚wahr' bezeichnet, ist unsere Rebellion selbst ein Ausdruck vom Regime des Geistes.

Ist unser ganzes Wissen also nichts weiter als ein abgekartetes Spiel? Ist alles nur ein Selbstgespräch des Geistes? Ob Sie nun schnell mit ‚Ja' oder ‚Nein' antworten, Sie befinden sich immer noch innerhalb des Regimes. Dabei ist es gar nicht so schwer, ein tieferes Verständnis zu erlangen. Lassen Sie die Bedürfnisse und Forderungen der Torwächter los und sehen Sie, was offene Bewusstheit zu bieten hat.

## Tiefer ins Innere reisen

Lassen Sie sich von Umarmungen und Küssen berühren, dann entdecken Sie die Einheit im Herzen des Seins. Grenzenloser Raum trägt Sie über das Reich der Dualität hinaus und vereint Vergangenheit, Gegenwart und Zukunft in vollkommener Harmonie.

Für den Geist, der den Behauptungen der Torwächter über das, was ist, glaubt, mag dies unmöglich erscheinen. Aber wenn Sie lernen, tiefer ins Innere zu reisen, beginnen Sie zu verstehen, dass das ‚Mögliche' und das ‚Unmögliche' nur zwei Benennungen unter vielen sind. Sie haben genauso wenig Grundlage wie jede andere Interpretation, die der Geist anbietet.

## Übung 12

# Himmelsatem

Diese Übung lässt sich besonders gut im Freien durchführen, wenn das Wetter es zulässt. Setzen Sie sich bequem auf ein Kissen oder einen Stuhl, oder legen Sie sich auf den Rücken, wenn Sie dies bevorzugen. Entspannen Sie den Körper und werden Sie sich Ihres Atems bewusst, indem Sie Ihr Ein- und Ausatmen leicht wahrnehmen.

Stellen Sie sich nun einen weit entfernten schönen Ort mit wunderbarem, blauen Himmel vor. Es könnte ein Ort sein, an dem Sie in der Vergangenheit gewesen sind, oder vielleicht ein Ort, den Sie schon immer besuchen wollten — ein Strand oder ein Berggipfel, ein Seeufer oder eine Wiese. Während Sie an diesen Ort denken, lassen Sie jeden Atemzug von diesem fernen Himmel kommen und jeden Ausatem dorthin zurückkehren, verbinden Sie sich mit dieser fernen, klaren blauen Weite.

Das ist alles. Sie brauchen nichts weiter zu tun. Atmen Sie einfach!

Ja, die Torwächter sind im Moment sehr einflussreich und arbeiten fast unkontrolliert. Aber Sie brauchen nicht mit ihnen zu kämpfen oder bestreiten, dass sie wirken, denn in ihrem Reich gibt es unzählige Schätze. Wenn Sie aufhören, auf den Flüsterer zu hören, erkennen Sie, dass Sie in einem Raum ohne Grenzen leben, einem offenen

Haus, einem klaren blauen Himmel. Wenn Sie das wirklich erkennen, verlieren Probleme und Polaritäten, Ursache und Wirkung — woraus Leiden besteht — ihren Halt.

Der Geist wurde darauf trainiert, etwas zu mögen oder abzulehnen, zu begehren oder wegzustoßen, so dass wir schließlich denken, dies sei die einzige Art zu leben. Da wir gelernt haben, skeptisch zu sein, bezweifeln wir vielleicht, dass große Lehrer und spirituelle Freunde eine andere Art des Seins demonstriert haben. Aber selbst im Westen gab es große Denker:innen, große Künstler:innen, Dichter:innen und Komponist:innen, politische Führer:innen und zutiefst spirituelle Menschen, die auf eine andere Art gelebt haben. Sie sind über die Beschränkungen hinausgegangen, die ihnen durch ihren kulturellen Hintergrund vorgegeben waren.

Lassen Sie sich von diesen inspirieren. So wie diese können Sie selbst eine andere Art von Wissen manifestieren und ein Vorbild für andere werden. Es gibt Umarmungen und Küsse und diese können Sie sich selbst und anderen schenken. Wenn Sie das nicht tun, wofür leben Sie dann?

Auf Ihrem momentanen Verständnis können Sie weiter aufbauen. Alles, was Sie brauchen, ist schon da. Sie können sicherlich von dem profitieren, was andere gesagt haben, aber letztlich kommt es darauf an, Ihre eigene Erfahrung zu erforschen. Die Torwächter sind gerade in diesem Moment aktiv, sie können also direkt erforscht werden! Welche Mechanismen benutzen sie, um das Regime des Geistes zu unterstützen? Wie gelingt es ihnen, Sie so fest im Griff zu halten?

Die nächsten Kapitel können Sie auf Ihrer inneren Reise begleiten. Aber letztendlich sind der Weg und die Werkzeuge von Ihnen selbst abhängig. Es liegt an Ihnen, ob Sie bereit sind, die Reise anzutreten.

## ÜBUNG 13

## Eine neue Geschichte beginnen

Der Anfang einer Geschichte ist sehr wichtig; er gibt den Ton vor für das, was kommt, und signalisiert dem Leser, was er zu erwarten hat. Das *Ich* ist sowohl Erzähler als auch Held der ‚Geschichte über mich'. Wenn das *Ich* die Geschichte *meines* Lebens erzählt, wie beginnt sie dann?

A. Schreiben Sie die ersten Sätze einer Geschichte, die mit den Worten „Letztes Jahr habe ich …" beginnt. Es spielt keine Rolle, ob das, was Sie schreiben, wahr ist oder nicht. Schreiben Sie schnell, ohne zu überlegen oder sich zu korrigieren.

B. Lesen Sie sich durch, was Sie geschrieben haben, und schreiben Sie den Absatz nun neu als (1) eine Komödie, die zu einem glücklichen Ende führt; (2) ein Drama, das zu einem tragischen Ende führt; (3) eine neutrale Nachricht, geschrieben von jemandem, der nicht in die Situation verwickelt ist und kein Interesse an ihrem Ausgang hat. Auch hier gilt: Schreiben Sie schnell und haben Sie Spaß dabei. Können Sie anhand der Form der Anfänge erkennen, wie die Geschichten enden werden?

C. Überlegen Sie nun: Wenn Sie mit einem Freund sprechen, wie beginnt das *Ich* normalerweise, über Ihr Leben zu sprechen? Was ist sein Lieblingston, sein bevorzugtes Genre? Ist die Geschichte Ihres Lebens im Allgemeinen eine Tragödie, eine Romanze oder ein Krimi?

D. Wenn Sie das nächste Mal mit einem Freund sprechen, achten Sie darauf, wie Sie beginnen. Anstatt aus der üblichen ‚Ich-Position' zu sprechen, sprechen Sie stattdessen wie ein Haus mit offenen Fenstern, offenen Türen und ohne Dach. Lassen Sie Ihre Worte wie Vögel sein — und sehen Sie, wie weit sie fliegen können.

Kapitel fünf

# Die Bedeutung von Sprache

## Ein Verräter

Stellen Sie sich vor, Sie bekämpften das Leiden, ein innerer Kampf, der sich in Ihrem Geist abspielt. Auf Ihrer Seite sind Einsicht, Mitgefühl, Freude, Liebe, Fürsorge und Vergebung. Auf der Seite des Leidens stehen Gier, Hass, Verblendung, Eifersucht, Stolz, Schuld, Tadel und ein stures Festhalten an ungeprüften Überzeugungen. Der Kampf tobt, erst gewinnt die eine Seite einen Vorteil, dann die andere.

Eines Tages stellen Sie fest, dass die leidende Seite von jemandem unterstützt wird, den Sie eigentlich für Ihren Verbündeten hielten. Sobald sich die Streitkräfte gegen Sie formieren, beharrt dieser Verräter darauf, dass er im Recht ist, verspottet Ihre Bemühungen und untergräbt Ihre Moral.

Wer ist es, der Sie auf diese Weise angreift? Wenn Sie genau hinsehen, stellen Sie entsetzt fest, dass der Verräter mit Ihrer eigenen Stimme flüstert. Diese Stimme beharrt darauf, dass Sie nicht glücklich sind; diese Stimme sagt, Ihre Probleme seien real und unveränderlich. Sie wünschen sich inneren Frieden, doch diese Stimme widersetzt sich diesem Ziel bei jeder erdenklichen Gelegenheit. Schauen Sie genauer hin, können Sie allerdings niemanden finden, der da spricht!

Wenn es nur eine geflüsterte Stimme ist, die sich Ihren positiven Zielen widersetzt, warum hören Sie dann auf sie?

## Die Grenzen von Sprache

Menschen, die nach Glück streben, verlassen sich hauptsächlich auf Sprache. Sie sagen sich: „Ich möchte frei sein" oder „Mein Ziel ist es, tiefen Trost zu finden, mich selbst zu umarmen und zu küssen." Das ist in Ordnung, und in begrenztem Maße können solche Aussagen auch hilfreich sein. Selbsthilfebücher beruhen auf Sprache, und davon gibt es viele im Regal. Aber wenn sie nur Sprache anbieten, ist Vorsicht geboten: Es ist eben auch die Sprache, die das geistige Regime aufrechterhält.

Wenn Sie sich zum Beispiel Ihre positiven Erkenntnisse selbst mitteilen, macht die Sprache sie zu Ihrem Besitz (‚meine Erkenntnisse') und untergräbt damit deren Wirkungskraft. Oder, wenn Sie sich selbst für die Art und Weise kritisieren, wie Ihr Geist agiert, erzeugt die Sprache sofort Zweifel und bestätigt ein Gefühl der Beschränkung. (‚Ich kann das nicht').

Wie passiert so etwas? Wenn sich der Geist mit Erfahrung auseinandersetzt, verbündet er sich mit Sprache. Er erzeugt Namen. Er weist Identitäten zu, spekuliert, konzeptualisiert, reagiert und so weiter — und sieht dabei immer etwas mehr als das, was tatsächlich existiert. Jemand lobt Sie, und gleich plustern Sie sich auf vor Stolz und erzählen sich Geschichten, die weit über die einfache Tatsache hinausgehen, dass eine Person etwas Nettes gesagt hat. Sie erfahren, dass Sie eine schwere Krankheit haben, und anstatt bei der Grundsituation zu bleiben, erzählt Ihr Geist eine lange, traurige Geschichte darüber, wie ungerecht das Leben ist.

Die Art und Weise, wie sich das Regime ein Verständnis von der Welt erschafft, verlangt nach Ergänzungen und Übertreibungen. Bedeutungen werden auf der Grundlage von Konzepten zugewiesen; eine ganze Erzählung wird aufgebaut und erweitert. Man hört von einer Reihe von Ereignissen, und das Regime komponiert stillschweigend eine Geschichte, bietet Erklärungen an, verleiht Bedeutungen, fällt Urteile über richtig und falsch. Es wird ein Drama aufgeführt, und zwar auf einer verborgenen, inneren Bühne.

## Ist / Ist nicht

Auf einer noch grundlegenderen Ebene geht die Sprache eine Partnerschaft mit dem Regime ein, um bestimmte Strukturen zu schaffen. Es gibt Wissen, also glauben wir, es müsse auch einen Wissenden geben. Es wird etwas kommuniziert, also glauben wir, es müsse jemanden geben, der die Nachricht sendet und jemanden, der sie empfängt. Das Regime wendet sich an sich selbst und erhält eine Rückmeldung. Auf dieser Grundlage entwickeln wir ein Gefühl für unsere eigene Identität und die Welt, die wir bewohnen. Das Regime ist sowohl Schöpfer als auch Zuhörer und legt fest, was ‚ist' und ‚nicht ist'.

Hier eine einfache Illustration: Nehmen wir an, ich arbeite draußen. Um mich herum gibt es Bäume, Wasser, flatternde Gebetsfahnen und das Surren von Gebetsmühlen. „So ist es", sage ich, denn das Regime versichert mir, das, was ich da sehe, sei ‚echt'. Der Beweis ist erbracht, ich kann jetzt reagieren.

„Draußen wird es kalt", sage ich, und ein weiterer Strom von Reaktionen setzt ein. Wird mir warm genug sein? Ich bin mir sicher, am Ende des Tages werde ich frieren. Ich frage mich, ob es zum Abendessen eine heiße Suppe geben wird? Wer wohl kochen wird?

‚Es ist' präsentiert die Situation. Gründe und Begleitumstände tauchen auf und unterstützen meine Reaktionen. Von dieser Basis und diesem Fall ausgehend, entsteht Erfahrung. Ich übernehme die Rolle der Akteur:in, Besitzer:in, Beobachter:in und Partner:in für jedes neue Entstehen. Ich *weiß*.

‚Ich weiß', aber wäre es nicht genauer zu sagen, dass das Regime des Geistes weiß? Wenn ich darauf bestehe, dass ich der Wissende bin, woher habe ich dann dieses Wissen? Da das *Ich* ein Etikett ist, das von der Sprache zugewiesen wird, ist es dann nicht sinnvoller zu sagen, dass die Sprache weiß?

Nehmen wir an, ich nehme den Duft von Jasmin in einer Brise wahr. Ich sage, dass ich diesen Duft deuten und auf ihn reagieren kann, aber bin ich auch die Person, die weiß? Wenn ich es genauer betrachte, scheint es so zu sein, dass die Nase beim Riechen des Jasmins ‚weiß'. Wie das?

Wir können auf die physischen Rezeptoren, den Geruchsnerv, verweisen, aber diese Erklärungsebene wird nicht viel helfen, da sich nun die gleichen Fragen für diesen Nerv stellen. Woher kommt die Erkenntnisfähigkeit? Wenn wir diesen Prozess noch einen Schritt weiter zurückverfolgen bis zum Gehirn, ändert sich nichts Grundlegendes. Wir wissen immer noch nicht, wie das Wissen zustande kommt.

Damit die Nase wissen kann, muss der Jasmin, der gewusst wird, zum Wissenden rückgekoppelt werden. ‚Weiß' er, dass er dies tun muss? Muss der Jasmin, anstatt passiv zu sein, aktiv zulassen, dass er erkannt wird? Vielleicht lässt er sich von mir anders erkennen als von Ihnen oder dem vorbeiziehenden Reh oder der Biene, die nach seinen Pollen sucht. Warum muss das ganze Wissen nur von einer Seite kommen?

## ÜBUNG 14

## Inszenierte Wahrnehmung

In gewissem Sinne leben wir in einer wahrgenommenen Welt. Aus unserer begrenzten Perspektive scheint alles ganz real zu sein. Aber die Inszenierung und Präsentation des Realen könnte auch eine komplexe Bühnenarbeit beinhalten.

Machen Sie einen kurzen Spaziergang. Schauen Sie sich um, während Sie gehen, und stellen Sie sich vor, dass alles, was Sie sehen, eine meisterhafte Fassade ist und die verborgenen, ungesehenen Seiten dessen, was Sie wahrnehmen, in Wirklichkeit nicht existieren. Versuchen Sie, sich das, was Sie sehen, als gemalte Kulisse eines Theaterstücks oder als die hohle Konstruktion einer Filmkulisse vorzustellen.

Achten Sie auf die Anordnung dieser Strukturen im Raum: ihre Inszenierung. Was wird dargestellt und was nicht? Welcher Gestalt ist die Bühne? Gibt es einen Bogen, der die Präsentation einrahmt?

Und wo befinden Sie sich, während Sie gehen? Sind Sie *innerhalb* der Szene, ein Schauspieler auf der Bühne? Oder sind Sie im Publikum und beobachten? Oder sind Sie an beiden Orten gleichzeitig?

## Sprachfallen

Gerade indem sie auf das hinweist, was geschieht, stellt die Sprache dem Bewusstsein Fallen. Da die Sprache feste Bedeutungen und sichere Identitäten verlangt, schottet sie das ab, was wirklich lebendig ist. Worte und Konzepte weben Muster, die sich gegenseitig überlagern und somit noch mehr Verwirrung stiften. Wenn Sie die Welt durch Bezeichnungen erfassen, werden Sie an diese Bezeichnungen und deren Bedeutungen gebunden. Sie sind nicht frei.

Sie können in Ihrer eigenen Erfahrung erkunden, wie das funktioniert. Zuerst kommt der Kontakt, wenn der Greifer innerhalb des Geistes Begriffe als Werkzeug benutzt, um zu erfassen und zu begreifen. Zu Beginn mag die Verbindung zwischen dem Greifenden und dem Begriffenen nur ein unbestimmtes Gefühl sein, aber sobald ein Inhalt auftaucht, verfestigt sich der Kontakt. Das wäre der Moment, um den Vorgang zu entspannen, aber wenn Sie nicht bemerken, dass es geschieht, ist die Gelegenheit dazu verstrichen.

Solange Sie auf der Sprachebene bleiben, werden Sie überzeugt sein, dass Sie wissen, wovon Sie sprechen. Insgeheim fühlen Sie sich vielleicht ziemlich schlau. Letztlich bestätigen Sie aber nur die sprachlichen Strukturen, die Sie bereits gelernt haben, anzuwenden. Das Wissen, das auf diese Weise zustande kommt, hat nichts mit einem tieferen Verständnis zu tun. Es führt Sie nicht über Begriffe hinaus — auch nicht über das Konzept ‚Jenseits'.

Andererseits brauchen Sie die richtigen Worte, die Ihnen als Wegweiser dienlich sein könnten. Genau darum geht es in diesem Buch. Nur wenn Sie die begriffliche Bedeutung dessen verstehen, worauf hingewiesen wird, können Sie ein Gefühl für die Richtung bekommen, die Sie einschlagen wollen. Sprache mag in einer wirklich neuen Art zu wissen keine Rolle spielen, sie könnte ganz wegfallen. Auf der begrifflichen Ebene jedoch ist der Einsatz von Sprache unabdingbar.

Dies bedeutet nicht, dass Sie sich auf eine düstere und freudlose Suche begeben! Jede Erfahrung kann mit Sorgfalt und Wertschätzung angegangen werden. Diese Einstellung können Sie bei der Lektüre der nächsten Kapitel kultivieren, worin Sie angeleitet werden, tiefer zu erforschen, wie Identität zustande kommt und welche Probleme entstehen, wenn man die lebendige Dynamik der Zeit ignoriert.

## ÜBUNG 15

## Untersuchung wertschätzen

Hier sind einige der vielen Aspekte, die Sie würdigen können, während Sie entdecken und nachforschen: Ihre Augen, mit denen Sie die Symbole auf dieser Seite sehen können, Ihr Verstand, der sich einen Reim auf das Gelesene machen kann, das Licht, das Ihnen Lesen überhaupt erst ermöglicht, das Gefühl für Ihren Sitzplatz; all die Menschen, die Ihnen ermöglicht haben, dies hier jetzt zu lesen.

Hier sind einige Dinge, derer Sie sich erfreuen können: das Anfühlen dieses Buches oder Ihres digitalen Lesegeräts in Ihren Händen, die Farben und Formen der Gegenstände um Sie herum, was immer für Gefühle Sie gerade empfinden, die Symphonie aus Klang und Stille, der Sie beim Innehalten lauschen können; das Wissen selbst, welches Freude und Trost für Körper, Geist und Seele bringt.

Wie viele weitere Beispiele können Sie auf diese Liste setzen? Fordern Sie sich selbst heraus.

## Intermezzo

Können Sie den Versuch loslassen, *wissen zu wollen?*

Entspannen.

Still sein.

Atmen.

Nun gehen Sie hinaus und lächeln den Himmel an.

## Kapitel sechs

# Identitätsbildung

## Gleichheit

Wenn ich von Identität spreche, meine ich die Art und Weise, wie das Regime des Geistes alles, was erscheint, in feste, begrenzte Objekte verwandelt, die real zu sein und über die Zeit hinweg stabil zu bleiben scheinen. Sein wichtigstes Werkzeug zur Identitätsbildung ist die Benennung. Sobald das Regime des Geistes eine Erscheinung benennt, wird diese Erscheinung zu ihrem Namen: *ein Stein, eine Blume, ein Vogel.*

Identität sorgt für Gleichheit und Wiederholung. Gleichheit und Wiederholung erfüllen wiederum den Zweck, für den die Identität erschaffen wird. Der Verstand erfasst, was benannt und identifiziert wird, und bestätigt, dass es real ist.

Wenn die Identität eines Objekts festgestellt wird, sind auch Sie selbst, das Subjekt, in diesem Prozess gefangen, denn Sie gehören zu dem, was Sie identifizieren, genauso wie Jenes zu Ihnen gehört. Ein Baum erscheint mit Blättern, die ihre Farbe ändern, und der Verstand erkennt Rot-heit, Gelb-heit, Baum-heit. Gleichzeitig identifiziert er Sie selbst als die Person, die den Baum erlebt. Die Identitätsbildung etabliert die gesamte Struktur von Ihnen und dem Objekt gleichzeitig.

Identitätsbildung möchte Sie glauben machen, Sie bestünden in der Zeit fort und lebten in einer stabilen Welt. Sie ermöglicht Ihnen, schnell mit sich selbst und anderen zu kommunizieren. Sie können sagen: „Ich möchte bitte diesen Ring kaufen" und beobachten, wie der Verkäufer genau das richtige Objekt aus der Schmuckschatulle nimmt und in eine Schachtel legt. Wenn ‚Ring' keine Identität hätte, müssten Sie sagen: „Ich möchte dieses runde, goldglänzende Leichtmetallding kaufen, das gerade im Morgenlicht schimmert, können Sie es sehen?" Aber dann müssten Sie auch viele Worte verwenden, um golden, Metall, Ding, Licht und so weiter zu beschreiben.

Und was ist mit ‚Ihnen'? Hätten Sie ein ausreichendes Gefühl dafür, ‚Sie' zu sein, um nach dem Ring zu fragen? Um zu kommunizieren, ist es für den Verstand effizient, eine Identität herzustellen; es scheint zu funktionieren.

Warum sollte man sich also Sorgen um die Identitätsbildung machen? Wenn wir *ausschließlich* automatisch und durch Benennung etwas identifizieren, ignorieren wir ein tieferes Wissen. Diese Unwissenheit führt zu Leiden.

Wenn Sie nur durch Identitätsbildung verstehen, begrenzen Sie das, was Sie wahrnehmen und wissen können. Sie werden Subjekt und Objekt als begrenzt und getrennt sehen. Sie werden nie ergründen, was nicht benannt wurde und nicht benannt werden kann, nicht das Spiel des Lichts im offenen Erscheinungsfeld erleben, den freudigen Tanz der Erscheinung durch Zeit und Raum.

Stattdessen werden Sie einen Ring kaufen, ihn an Ihren Finger stecken und einen Moment lang glücklich darüber sein, etwas Beständiges und Unveränderliches zu besitzen: *Ihren Ring*. Sie werden denken, dass Ihre heutigen Gefühle für den Ring auch morgen noch gelten werden.

Aber Sie und der Ring sind *nicht* aneinander gebunden. Sie und der Ring wechseln die Erscheinungsfelder. Gestern noch wollten Sie diesen Ring, doch bald schon haben Sie andere Gefühle und Bedürfnisse, und der Ring, der so funkelnd und großartig erschien, wird Ihnen enttäuschend klein vorkommen. Dann werden Sie traurig und verärgert sein. Das Regime des Geistes, das Sie gerne aufmuntern möchte, wird Ihnen zuflüstern: „Ich weiß, was du brauchst. Du musst einen größeren Ring kaufen!"

## Erinnerung

Der Geist nutzt das Gedächtnis als Werkzeug zur Benennung und Identifizierung. Das Gedächtnis ordnet die Erfahrungen im Laufe der Zeit; es gibt unserem Leben einen Sinn, so wie ‚Sinn' vom Verstand definiert wird. Die beiden arbeiten Hand in Hand beim Aufbau einer Welt. Aber wie zuverlässig ist das Gedächtnis?

Existieren Erinnerungen zum Beispiel auch dann, wenn das *Ich* nicht an sie denkt? Oder müssen Erinnerungen immer wieder neu erschaffen werden? Taucht dieselbe Erinnerung auf, wenn sich der Geist an etwas erinnert, oder er-innert er die Vorkommnisse jedes Mal anders?

Nehmen wir an, Sie erinnerten sich an ein Ereignis, das im Alter von zehn Jahren stattfand. Wie zuverlässig ist das? Erinnern Sie sich daran, wie es damals für Sie war, oder interpretieren Sie es jetzt im Lichte all dessen, was seitdem geschehen ist?

Wie können Sie das wissen?

## Übung 16

## Grenzen der Erinnerung

An wie viele Ihrer Gedanken und Gefühle können Sie sich erinnern? Nehmen Sie sich etwas Zeit, um darüber nachzudenken und Ihre Erfahrungen zu überprüfen. Beginnen Sie mit der letzten Stunde. An wie viele Gedanken und Gefühle aus dieser Zeitspanne können Sie sich jetzt erinnern? Schreiben Sie die Zahl auf. Denken Sie dann an die Stunde davor, und tun Sie dasselbe: Schreiben Sie die Anzahl der Gedanken und Gefühle von vor zwei Stunden auf, die Sie jetzt erinnern. Gehen Sie weiter zurück, Stunde um Stunde, bis Sie bei der ersten Stunde angelangt sind, in der Sie heute wach wurden. Gehen Sie dann zur letzten Stunde vor dem Zubettgehen, und bewegen Sie sich weiter rückwärts durch die Zeit.

Wann hören Sie auf, sich an die Tausenden von Gedanken und Gefühlen zu erinnern, die Sie hatten? Neigen Sie dazu, zu spekulieren oder nur so zu tun, als ob Sie sich erinnerten? Was zeichnet die Erinnerungen aus, bei denen Sie sich sicher sind, was lässt sie herausragen? Warum erinnern Sie bestimmte Gedanken und Gefühle und andere nicht?

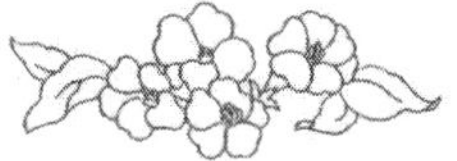

## Weitergehende Betrachtung

Da hier Sprache involviert ist, könnten Sie denken, Identitätsfindung sei ein begrifflicher Prozess und Sie hätten Zugang zu einem tieferen und erfahrungsbezogenen Wissen, das mit den Sinnen verbunden ist. Die Sinne nehmen jedoch nicht ‚einfach' etwas wahr. Noch bevor sie überhaupt etwas bemerken, ist der Geist bereits damit beschäftigt, zu benennen, Bedeutung zuzuweisen, zu identifizieren und festzulegen.

Da bei der Bestätigung von Identität so viel auf dem Spiel steht, halten Sie an diesem Prozess eisern fest. Sie identifizieren die Vögel, die durch den Himmel fliegen, und bestätigen ihre Existenz. Auf die gleiche Weise existieren Sonne, Berg, Autobahn, Liebhaber und auch Ihr Freund. ‚Sie' und ‚Geist' sind auch da, obwohl Sie wahrscheinlich zugeben würden, dass Sie nicht wissen, wo sie sind, da sie weder Gestalt noch Form haben.

Erscheinung und Akt des Entstehens tauchen gemeinsam auf, bereit, um identifiziert und festgelegt zu werden, damit die entsprechenden Bedeutungen, definiert durch Sprache, in Erscheinung treten können. Es ist leicht zu glauben, verstehe man diese Bedeutungen, habe man auch auf tiefer Ebene verstanden. Aber in Wirklichkeit ist man noch nicht über die Illusion hinausgekommen, die einem Worte auferlegen. Es erfordert eine besondere Fähigkeit, Sprache so zu nutzen, dass sie über sich selbst hinausführt.

Was können Sie also tun? Eine Antwort wäre, neue Worte oder Bilder zu finden, neue Metaphern und poetische Ausdrucksformen. Obwohl dies fruchtbar sein könnte, erfordert es doch einen Grad von Kreativität, der nicht allen gegeben ist. Wenn Sie nicht zu denen gehören, könnten Sie sich in Schwierigkeiten befinden. Sobald *Ich* und *Geist* im Zentrum der Erfahrung etabliert sind, wurde der falsche Schritt getan. Und schon folgt der ganze Rest: *Mein, Ich* und *Geist,* Gefühle und Urteile, Wahrheiten, die real erscheinen — und das übliche Agieren der Sinne.

Eine Möglichkeit, diese Rückkopplungsschleife zu durchbrechen, besteht darin, Ihre Erfahrung auf einer noch gründlicheren Betrachtungsebene zu erforschen. Wenn der Geist nicht im Zentrum steht, gibt es dann überhaupt ein Zentrum? Woher kommt der Geist? Wohin geht er? Wer stellt hier die Fragen?

Dies sind keine einmaligen Fragen, die man schnell beiseite legen kann. Jede von ihnen erfordert sorgfältige und wiederholte Kontemplation. Sie müssen für sich selbst herausfinden, ob die vom Regime verkündeten Wahrheiten wirklich zutreffen. Es gibt keinen falschen oder richtigen Weg, keine wertlosen Erfahrungen. Selbst Frustration, die bei der Kontemplation entstehen mag, kann die Grundlage für ein neues Verständnis bilden.

Öffnen Sie die Blase der Frustration, was bleibt dann übrig? Vielleicht nichts: keine Position, kein Ziel.

Da sind Sie also — absolut nirgendwo!

Öffnen Sie auch das ‚Nirgendwo'.

Gewahrsein ist scharf und klar. Sie können es nicht fassen, nicht zu Ihrem Besitz machen. Öffnen Sie dieses Gewahrsein, und Sie finden — Raum. Sie brauchen ihn nicht zu benennen; Worte und Bezeichnungen haben Sie bereits hinter sich gelassen.

Stellen Sie sich das stille Licht von hundert Sonnen vor. Jetzt kommen Sie dem Ganzen näher.

## ÜBUNG 17

## Licht des Verstehens

Setzen Sie sich bequem hin und lockern Sie den Körper, lassen Sie alle Anspannung abfließen. Entspannen Sie den Atem. Der Geist wird ganz still und öffnet sich vollständig, 360 Grad. Stellen Sie sich vor, Ihr Geist sei von einem sanften, klaren Licht durchdrungen, das alles berührt und jeden dunklen Winkel erhellt. Sobald irgendwas auftaucht — eine Wahrnehmung, ein Bild, Gedanke oder Gefühl — bringen Sie es einfach mit dem klaren Licht des völlig offenen Geistes zusammen.

Wenn Sie sich der Natur des Geistes nähern, können Sie dem erwachten Gewahrsein vertrauen. Und wenn neues Wissen aufleuchtet, können Sie es mit anderen teilen. Dies ist das größte Geschenk von allen, aber zugleich auch die höchste Verantwortung.

## Kapitel sieben

# Mit weisen Augen sehen

## Die Täuschung

Sprechen wir über das Regime des Geistes, während wir unter seiner Herrschaft leben, können wir leicht in Verwirrung geraten; neues Wissen kann davon treiben wie Blüten auf dem Wasser. Halten Sie also jetzt ein wenig inne und versuchen die nachfolgende Übung.

### Übung 18

### Innere Erfahrung beobachten

Setzen Sie sich bequem hin, entspannen Sie Körper und Atem und beobachten Sie einige Minuten lang den Geist, ohne ein bestimmtes Ergebnis anzustreben.

Danach fragen Sie sich: Was hat der Geist getan? Wohin haben Sie geschaut, um Ihren Geist zu beobachten? *Wer* hat beobachtet?

Vielleicht haben Sie bemerkt, dass ein Bild nach dem anderen, eine Idee und ein Gefühl nach dem anderen wie Seifenblasen plötzlich auftauchen. Sie haben vielleicht endlose Aktivitäten bemerkt: Grübeln, Denken, Erinnern, Beschreiben, Interpretieren, Planen, Vorstellen, Spekulieren, Beurteilen, Unterscheiden, Wollen, Fühlen, Wissen, Erzählen und unzählige andere Formen des Denkens oder jedweder ‚Geist- Aktion'.

Auf der Ebene der gewöhnlichen Erfahrung akzeptieren Sie das alles als real und reagieren entsprechend. Das Regime des Geistes ist etabliert, und Sie nehmen die Ihnen zugewiesene Rolle ein: das *Ich*, das ‚Selbst', die Person, die denkt, beobachtet und handelt. Dann entstehen immer mehr geistige Prozesse.

Aber die Schlüsselfrage, die der Beobachter vergisst zu stellen, ist: Wer ist derjenige, der beobachtet?

Wenn das *Ich* den Geist beobachtet, heißt das, dass es irgendwie vom Geist getrennt, ein separates ‚Ding' ist?

Aber wie könnte das möglich sein?

Wenn Sie dieser Frage mit offener Neugier nachgehen, wenn Sie bereit sind, einfach zu schauen und dem zu vertrauen, was Sie finden, beginnen Sie zu entdecken, wie das Regime des Geistes funktioniert. Sie werden vielleicht etwas schockiert sein, wenn Sie herausfinden, dass Sie niemanden außer dem Regime selbst finden können.

Sie sind sich sicher, dass es ein Denken gibt, aber Sie werden sich immer unsicherer darüber, ob es ein *Ich* gibt, das denkt.

Das ist der Moment, in dem sich etwas ändert. Statt automatisch zu reagieren und davon auszugehen, dass das *Ich* im Zentrum der Erfahrung steht, verlangsamen Sie Ihr Tempo und agieren mit einer gewissen Distanziertheit. Eingestimmt auf die Rhythmen des Erscheinens, wird Ihr Erleben offener und flexibler, gespeist von mehr Klarheit und Mitgefühl.

Ich hoffe, das ist Ihnen bereits passiert; wenn nicht, wird es noch geschehen. Aber bitte bleiben Sie nicht dabei stehen. Mit der Vertiefung von Praxis und Untersuchung tauchen weitere Ebenen auf. Wenn Sie weiterhin mit weisen Augen schauen, beginnt der ganze Zyklus von Anfang, Mitte und Ende — Ursache und Wirkung — wie eine Fata Morgana zu erscheinen.

Bei tieferem Verständnis sieht man, dass der Geist selbst keine ‚Entität' ist; er hat keine Wände, somit auch keine Fenster, die geöffnet werden müssten, und kein Dach, das verschwinden könnte. Seine Präsentationen sind bereits so substanzlos wie Wolken, Träume oder der Regenbogen.

## Eine andere Realität einladen

Es mag Ihnen schwer fallen, dies zu akzeptieren, denn Sie wurden darin geschult, sich auf die *Realität* dessen zu stützen, was der Geist präsentiert. Dem Baby in seiner Wiege wird permanent beigebracht, seiner Erfahrung Etiketten zuzuweisen, und diese Etiketten hängen von festen Identitäten ab. „Hier ist der Ball; dies ist eine Tasse; stecke den blauen Klotz in das runde Loch und den roten Klotz in das eckige Loch." „*Ja*", sagt die Mutter, wenn das Baby tut, was verlangt wird. *„das hast du gut gemacht! Du bist so schlau!"*

Das fortgesetzte Erlernen der Sprache verstärkt diese frühen Lektionen. Da gibt es Substantive, Pronomen und Adjektive, die eine Welt von Dingen und Ereignissen festschreiben, in der wir uns sicher fühlen können. Wie könnten wir uns selbst im Raum verorten ohne Wörter wie in und auf, hinter und vor, oben und unten? Wie könnten wir urteilen ohne Worte wie schön, hässlich, richtig oder falsch? Wir etikettieren, bestätigen die Realität dessen, was benannt wurde, und reagieren auf das Etikett. Körper, Sprache und Geist arbeiten zusammen, um die Welt abzusichern und die Ordnung des Geistes aufrechtzuerhalten.

Sobald wir jedoch die konstruierte Natur dieser so genannten ‚Realität' erkennen, können wir die gesamte Struktur in Frage stellen. Der Ausgangspunkt bleibt stets die Wertschätzung, denn ohne Wertschätzung distanzieren wir uns von dem, was wir untersuchen. Wenn wir uns auf Abstand halten, lassen wir unsere eigene Rolle als hinterfragende Person außer Acht. Es ist in etwa wie bei einer Schachpartie. Wir mögen die Herausforderungen des Spiels lösen, aber dieser Sieg ändert nichts an unserer grundlegenden Situation, wenn wir das Spiel beendet haben.

Wertschätzung ist etwas anderes. Sie bringt uns zurück ins Bild, ohne uns auf das, was wir sehen, festzulegen. Sie lädt zu einer ganz anderen Realität von Umarmungen und Küssen ein.

## Der Wert von Analyse

Wenn wir mit Wertschätzung beginnen und tiefergehende Fragen stellen, können wir unter die vielen Schichten von Interpretation und Reaktion dringen. Was zum Beispiel ist der eigentliche Grund dafür, etwas zu *mögen*? Was ist die Erfahrung, die dem Urteil zugrunde liegt? Gibt es eine bestimmte Körperstelle, an der das Wohlgefallen stattfindet? Was passiert, wenn Sie versuchen, das Gefühl des Mögens zu erweitern oder zu verdichten? Was geschieht, wenn die Sympathie nachlässt?

Was bringt es, all diese Fragen zu stellen? Wir können einfach hinausgehen und der Welt Umarmungen und Küsse anbieten. Dann sieht alles anders aus. Jede Situation ist offen, vollkommen leuchtend, vollkommen hell. Wir brauchen nicht mehr zu prüfen, ob wir uns richtig verhalten, denn es gibt keinen falschen Weg. Wir brauchen nicht mehr zu fragen, warum oder wie wir vorgehen sollen. Es ist, als hätten wir eine Impfung gegen Negativität erhalten und seien nun immun. Wenn etwas Negatives auftaucht, können wir es sofort öffnen, denn wir wissen, dass es eine Fata Morgana ist.

Das hat viel Charme, aber denken Sie daran: Es gibt ein Regime, und wahrscheinlich stehen Sie noch immer unter dessen Einfluss. Wenn Sie einige besondere Erfahrungen machen oder sich unbeschwert fühlen, ist es leicht, sich einzureden, Sie seien frei, obwohl Sie in Wirklichkeit nur eine Identität gegen eine andere getauscht haben. Wenn Sie sich wirklich befreien, wirklich loslassen wollen, müssen Sie wissen, *wer* diese Freiheit will. Aber genau hier liegt die Schwierigkeit. Das Regime ist nicht erpicht darauf, dieses verborgene Geheimnis zu enthüllen.

Da kommt die Analyse ins Spiel. Konzepte sind einschränkend, und die Antworten auf Ihre Fragen werden Sie nicht sehr weit bringen. Dennoch können Konzepte über sich selbst hinausweisen. Sie können die Strukturen, die wir für selbstverständlich halten, in Frage stellen oder Mutmaßungen öffnen und damit zeigen, wie wenig wir eigentlich verstehen. Letztendlich müssen wir uns von Konzepten verabschieden, aber bei jedem Schritt auf dem Weg dorthin kann sorgfältige Untersuchung das voreilige Empfinden verhindern, die Natur der Realität zu kennen. Mit der gebührenden Achtsamkeit können Begriffe und Sprache wertvolle Wegweiser sein.

## Spiele spielen

Manche Menschen glauben, Gefühle seien nicht begrifflich und von Natur aus vertrauenswürdiger als Gedanken. Doch das ist irreführend. Auch Gefühle beruhen auf Ursachen und Bedingungen. Sie sind nicht zuverlässiger als alles andere im Regime des Geistes. Viele Arten von Wolken mögen sich am Himmel bilden, aber sie sind nicht der Himmel selbst.

Bitte Lassen Sie sich nicht davon täuschen. Wenn Sie sich Ihrem Gefühlsleben verpflichtet fühlen, werden Sie vielleicht feststellen, dass Sie bestimmte Gefühlszustände anstreben, um Ihr Leiden zu lindern. Sie bemühen sich vielleicht, besondere Erfahrungen zu machen, trinken Alkohol, nehmen Drogen oder versuchen, einen anderen Bewusstseinszustand zu kultivieren.

Nichts von alledem funktioniert. Es erzeugt nur noch mehr Anhaftung.

Wenn Sie zielorientiert vorgehen, messen Sie nach wie vor Ihren Fortschritt. Sie verfolgen die Rhythmen der Erfahrung aus der vorgegebenen Perspektive des Regimes. Sie bewerten Ihr Verständnis: „Ist das richtig oder falsch? Fühle ich mich wohl und entspannt, oder bin ich aufgewühlt? Ist alles in Ordnung?“ Sie spielen immer noch Spiele und lehnen Teile der Erfahrung ab.

Seien Sie stattdessen völlig offen, ohne Wände, ohne Dach, ohne Boden — und ohne denjenigen, der die Erfahrungen macht.

## ÜBUNG 19

## Gedanken wie Wolken

Setzen Sie sich bequem auf ein Kissen oder einen Stuhl. Entspannen Sie den Körper und lassen Sie Ihren Atem leicht und sanft werden. Sitzen Sie wie ein Haus ohne Wände, ohne Dach und ohne Boden, völlig offen für Luft und Himmel. Es wehen leichte Brisen, mal kühl, mal warm. Die Gedanken sind leicht und traumhaft wie Wolken. *Seien* Sie einfach *da*: offen, geräumig und einladend; heißen Sie alles willkommen, was auftaucht; lassen Sie den Fluss der Erfahrung kommentarlos ein- und austreten, aufsteigen und abfallen.

## Eine zutiefst interessante Reise

Anstatt nach Erfahrungen zu suchen, die Sie in einen bestimmten emotionalen Zustand versetzen, lassen Sie sich einfach auf das ein, was gerade geschieht. Es besteht keine Notwendigkeit, die Dinge zu klären. Wolken sind substanzlos; sie kommen und gehen. Sie haben kein ausreichend großes Pusterohr, um sie wegzublasen, und selbst wenn Sie eines hätten, würden sich schon bald neue Wolken bilden.

Natürlich müssen Sie sich immer noch fragen, welche Tätigkeiten nützlich und welche schädlich sind. Am Anfang brauchen Sie Motivation, deshalb ist eine Unterscheidung sinnvoll. Sie sagen sich: „Ich mag es nicht, wenn ich mich so verhalte", oder „Wenn ich mich entspanne, fühle ich mich ruhiger und lasse mich nicht so leicht verwirren". In gewisser Weise fixieren Sie sich auf einen bestimmten emotionalen Zustand oder versuchen, ein bestimmtes Verständnis zu kultivieren, aber wenn Sie sich darüber im Klaren sind, was Sie tun, ist diese Art der Fixierung nicht schädlich.

Sobald Sie den Umgang mit dem Geist erlernen, sehen Sie, dass Probleme oder Grenzen nur deshalb entstehen, weil die Dinge bereits so eingerichtet wurden. Da alles, was erscheint, einer Fata Morgana gleicht, besteht kein Bedarf an Gegenmitteln.

Sie befinden sich auf einer hochinteressanten Reise, die Sie weit über das hinausführt, was Worte ausdrücken können. Unterwegs werden Sie vielleicht auf Lehren stoßen, deren Studium von Nutzen sein mag, oder auf Lehrer:innen, die wertvolle Ratschläge geben, aber es besteht keine Notwendigkeit, sich nur auf sie zu verlassen. Der Ansatz, den Sie verfolgen, hat nichts mit Ja und Nein, Pro und

Contra oder mit Perfektion zu tun. Was wirklich zählt, ist das Wissen selbst — und dieses tiefere Wissen hängt nicht von Identität ab.

# Intermezzo

e s i s t n u n a n d e r Z e i t S p r a c h e
u n d B e d e u t u n g e n f a l l e n z u
l a s s e n , ö f f n e n S i e d e n R a u m
z w i s c h e n S y m b o l e n u n d K l a n g
u n d s p i e l e n S i e i m F e l d d e s
s t i l l e n L i c h t e s .

KAPITEL ACHT

# Gedankenmagie

## Einen Schritt voraus sein

Alle Erfahrungen sind eine Reise in die Welt der Magie: Gefühle, Empfindungen, Gedanken und das Bewusstsein selbst. Magisch ist die Tiefe des Wissens, der Sinn des Seins. Die Transformation geschieht, sobald Sie bereit sind, Umarmungen und Küsse anzubieten.

Können Sie diese Art des Seins und Wissens wirklich verkörpern? *Ja!*

Das Regime des Geistes stellt Strukturen auf und zeigt, was ist; es begrenzt und schränkt ein. Seine Art des Wissens versteht die Bedeutung von Konzepten und Sprache und ist in der Lage, sie in jeder Situation anzuwenden. Denken Sie noch einmal zurück an das Baby, das sprechen lernt.

Aber Sie können sich von all dem abwenden. Wenn Sprache die Autorität für sich in Anspruch nimmt, können Sie dies ablehnen. Wenn sie in schädliche Richtungen führt, können Sie die Dinge umkehren. Alles ist möglich, denn die Zaubershow des Geistes ist wie ein Traum, eine Erscheinung ohne Grundlage.

Magie kommt in die Welt, sobald Sie zu erkennen beginnen, dass die vom Regime projizierten Erscheinungen konstruiert sind. Ja, Sinneserfahrungen können Sie einfangen, ebenso Konzepte und die Strukturen von *Ich, Mich* und *Mein*. Aber sieht man erst, wie das Netz gewoben wird, bleibt man einen Schritt voraus. Sie lassen los, was auch immer auftauchen mag.

Im gewöhnlichen Bereich von Raum und Zeit wissen wir mit konventionellem Wissen. Das Regime des Geistes reagiert auf die Rückmeldungen, die es von Moment zu Moment erhält, indem es Eindrücke formt, Downloads empfängt und Hinweise gibt. Das Regime verwandelt Erscheinungen in Entitäten, die scheinbar *von* irgendwoher kommen und sich irgend*wohin* bewegen. Gute Beispiele dafür sind die emotionalen Zustände mit unserem ständigen hinein- und hinausgleiten.

Alle Emotionalität geht auf die Torwächter und die von ihnen eingenommenen Positionen zurück. Sobald die Sinne aktiv sind, streckt das Selbst die Hand aus, um nach etwas zu greifen — ganz gleich, was es ist. Die Eigendynamik, die ‚Greifer und Ergriffenes' manifestiert, ist einfach zu stark. Es ist eine Art von Sucht: Ich muss *meine* Überzeugungen und *meine* Gefühle haben, auch wenn der Weg dorthin direkt zum Leiden führt. Das spürt man schon beim Lesen dieses Absatzes: Der Flüsterer stimmt dem Gesagten zu oder widerspricht; er erklärt in seinen eigenen Worten oder ringt um Bedeutungen.

Doch vor allem liebt das Regime *Antworten.*

Aber nehmen wir an, es gäbe einen anderen Weg, durch das Leben zu reisen. Dann wären auch die Verhältnisse völlig anders. Das Selbst müsste nicht seinen Anspruch geltend machen, sein Territorium abstecken oder nach der nächsten Projektion greifen. Es müsste nicht dafür sorgen, dass jeder Weg mit dem vorangegangenen verbunden ist. Am Ende gäbe es gar keine Notwendigkeit, ein Selbst zu etablieren oder überhaupt zu reisen, da alles, was es braucht, bereits vorhanden wäre, eine endlose Fülle: eine Welt des stillen Lichts.

## Worte sind nicht der Feind

*„Ich bin nicht klug genug; ich werde das nie verstehen können".*

Die Stimme des Flüsterers mag sanft und freundlich sein, aber sie ist immer noch die Stimme eines Tyrannen. Wenn Sie diese vernehmen, schenken Sie ihr keine Beachtung. Was immer sie Ihnen mit Worten und Begriffen sagt, ist nebensächlich.

„Wozu dann all die Worte in diesem Buch?", fragen Sie. Das ist wieder der Flüsterer, der darauf besteht, dass Schweigen die Antwort ist. Lassen Sie auch das los. Worte sind nicht der Feind. Der Geist leuchtet und zeigt, Erscheinungsformen tauchen auf. Konzepte leuchten ebenfalls, und auch Worte können eine verborgene Tiefe haben.

Das Regime des Geistes hat keine andere Wahl, als das Werkzeug der Identität zu benutzen. Aber in dem offenen Augenblick sind gerade die Qualitäten, die zu Leiden führen – Anhaftung, Festhalten, Emotionalität, Verwirrung – die Samen vollkommener Einheit, ohne Trennung und ohne Territorien. Anfang ist gleich Ende, und Eins ist nicht verschieden von Null.

Dafür ist es wichtig, sich zu öffnen, also nehmen Sie dies nicht auf die leichte Schulter, aber nehmen Sie es auch nicht zu ernst. Machen Sie Offenheit nicht zu Ihrer neuesten Position; das kann nur in die Irre führen. Es gibt keinen Grund zu projizieren oder sich zu fixieren. Es besteht kein Bedarf an Konzepten, nicht einmal an dem Konzept „Ich werde mich nicht auf Konzepte verlassen".

Wenn Sie sich immer noch fragen, wie Sie vorgehen sollen, sage ich nochmals: Es ist nicht kompliziert. Das wissen Sie bereits. Lockern Sie den Körper und fühlen Sie sich wohl. Entspannen Sie den Atem; lassen Sie ihn frei und leicht sein. Lassen Sie den Geist los, und beruhigen Sie sein ständiges Rattern.

*Geist* ist ein Wort für etwas, das real zu sein und durch die Zeiten hindurch zu existieren scheint, ein Haus, in dem wir leben, mit Wänden, Dach und Boden, abgegrenzt und stabil. Lassen Sie diese Vorstellung los. Wie alle Konzepte kann auch der Geist geöffnet werden.

Wenn Sie sich auf diese Weise aufmachen, geben Sie die Verantwortung nicht an eine höhere Macht ab. Das wäre eine andere Art, sich zu fixieren. Achtsamkeit zu praktizieren, wäre es auch. Es gibt Möglichkeiten, mit dem Geist zu arbeiten, indem man sich auf bestimmte Objekte der Aufmerksamkeit konzentriert, aber das hier ist keine davon.

## Wie das Regime seine Macht verliert

Wie können wir dann dem Regime entkommen? Wir könnten sagen, dass wir die von Sprache etablierten Bedeutungen öffnen müssen, aber das ist irreführend, denn es gibt nichts zu öffnen und keinen besonderen Zustand zu erreichen.

Der Raum innerhalb der Blase, die einen Moment der Erfahrung hervorbringt, ist derselbe wie der Raum außerhalb der Blase. Wenn es keine Mauer gibt, braucht man auch kein Tor zu finden, durch das man hindurchgehen kann. Sie können sich einfach entspannen. Die Welt bietet Ihnen Umarmungen an, und Sie können Küsse erwidern.

Bitte verstehen Sie: Ich spreche nicht von ‚nicht handeln', denn ‚nicht handeln' ist nur ein weiteres Konzept. Sie sollten weitaus weiser sein. Sie müssen innen, außen und dazwischen sehen, vor dem Vorher und nach dem Nachher. ‚Nichts' ist kein Ort außerhalb der Erscheinung, denn das Äußere hängt vom Inneren ab und das Nichts ist nicht getrennt von dem, was erscheint.

Ganze Systeme begleiten das Regime des Geistes: geistige Systeme, Sinnessysteme, Gefühlssysteme und Meditationssysteme. Aber wenn die Erscheinung zum Spiel des Lichts wird, gibt es keine Systeme mehr. Das Regime verliert seinen Halt.

Das geschieht nicht, indem man im Zentrum bleibt — denn wenn es keine Grenzen gibt, gibt es auch kein Zentrum. Es geschieht, wenn man das offene Feld des klaren Lichts betritt, in dem alles frei entstehen kann. Dieses Feld ist grundlegender als der Raum, der durch ‚von' und ‚nach' abgegrenzt ist. Hier verstummt der Flüsterer.

## Sich Zeigen und Aufleuchten

Wie oft haben Sie sich schon gesagt: „Ich muss mich konzentrieren, ich muss besser werden"? Wie oft haben Sie gesagt: „Ich weiß nicht, was ich tun soll"? Sie denken, es fehle Ihnen etwas, also versuchen Sie, Anweisungen zu befolgen; haben Sie keine, erfinden Sie welche.

Aber es ist alles so viel leichter als das. Statt ständig verstehen oder analysieren zu wollen, stellen Sie einfach Fragen. Wie fühlt es sich an zu fühlen? Können Sie dieses Gefühl ausweiten und öffnen?

Schauen Sie genauer: Gibt es wirklich einen Unterschied zwischen dem Sehen und dem Gesehenen, zwischen dem Hören und dem Gehörten?

Suchen Sie nach einem Ort vor dem Haben und Verlieren, dem Ja und dem Nein. Finden Sie den Spiegel, bevor das Bild erschienen ist: Das Potenzial, etwas zu reflektieren, ist eine Art von Glanz.

Suchen Sie die Stille, eine Textur von Erfahrung, die ein Gefühl von Behaglichkeit, Kühle und Ausgeglichenheit vermittelt. Dann entspannen Sie sich in das Sein hinein. Dies ist nicht etwas, das man besitzen kann, nicht etwas, das ‚Sie' genießen können. Lassen Sie den Gedanken los, dass ‚dies geschieht' und ‚das geschieht'. Stattdessen folgen Sie dem Weg, der nie erschaffen wurde. Öffnen Sie sich so vollständig, dass keine Dimensionen übrig bleiben, die zu erforschen wären. Leben Sie im Garten Eden, mit Fülle überall.

Sie brauchen sich nicht vom Regime des Geistes eingeschränkt zu fühlen. Umarmungen und Küsse, Tränen vor Lachen, es gibt gar keine Trennung. Die gab es nie und wird es auch nie geben.

Der Geist bewegt sich mit bemerkenswerter Geschwindigkeit. Wie die auf Wasser geschriebenen Buchstaben von ‚Hallo', lösen sich seine Präsentationen unmittelbar wieder auf. Wie die Wolken am Himmel nehmen seine Konstruktionen niemals wirklich Gestalt an. Hindernisse, die sich manifestieren, sind nicht wirklich da: Sie *kommen* nicht *von* und *gehen* nicht *nach*. In der Erfahrung gibt es ein Wahrnehmen und Spüren, ein sich Zeigen und Aufleuchten. Rhythmen lassen lebendige Erlebnisse entstehen. Wenn Sie dies sehen, betreten Sie ein magisches Reich.

## ÜBUNG 20

## Ein Feld aus Licht

Damit Ereignisse überhaupt erlebt werden können, müssen sie wahrgenommen werden. Sie können den erkennbaren ‚Charakter' der Erfahrung allerdings auch öffnen und direkten Kontakt mit der sich bewegenden Klarheit aufnehmen, dem offenen Feld aus Licht.

Sitzen Sie ruhig da, Ihre Hände im Schoß, die Atmung entspannt. Wenn Gefühle auftauchen, ‚beenden' Sie diese Erfahrung nicht durch Etikettieren, indem Sie ihr Namen und Form zuweisen (z.B. ‚Wut' oder ‚Traurigkeit'), sondern bleiben Sie im unfertigen, offenen und fortdauernden Raum des Gefühls, erlauben Sie ihm, sich auf natürliche Weise auszudehnen.

Nehmen Sie sich Zeit, um genügend Geduld und Vertrauen zu kultivieren, sodass Sie Ihre gewohnten Annahmen über das, was geschieht, aufgeben können. Denken Sie daran: Auch ‚Offenheit' ist offen, unvollendet und unterliegt der Veränderung.

Kapitel neun

# Umarmungen und Küsse anbieten

## Eine Einladung

Wie bereits in vorherigen Kapiteln beschrieben, wiederholen wir hier nochmals: Es gibt so viele Menschen, die verloren, zerstreut und einsam sind, von Schuld geplagt und sich in Reue suhlend! Sind Sie einer von ihnen? Vielleicht sehnen Sie sich nach einem anderen, einfacheren Ort, wo alles perfekt ist. Aber selbst wenn Sie Ihr Leben in dieser unendlich komplizierten Welt vereinfachen könnten, wäre das nicht die Lösung. Auch die Einfachsten unter uns müssen sich noch immer mit dem Älterwerden und mit Krankheiten auseinandersetzen. Wir alle werden eines Tages unseren Körper verlassen und die Reise ins Ungewisse antreten müssen.

Können Sie die vielen Gesichter des Leidens, wie Sie es erleben, wirklich akzeptieren? Wenn Sie sich selbst eine Geste der Liebe schenken könnten, wenn Sie die Illusion hinter sich lassen könnten, warum sollten Sie das nicht tun? Möchten Sie sich hingegen lieber anders entscheiden, liegt es vielleicht daran, dass Sie Angst haben? Oder denken Sie, dass Freiheit vom Leiden nicht möglich ist?

Diese Fragen sind nicht als Vorwürfe gemeint, sondern als eine Einladung. Genau hier und jetzt können Sie das Regime verändern. Erinnern Sie sich einfach daran, sich nicht von Worten einschränken zu lassen, auch nicht von Worten wie ‚transformieren', ‚Freiheit' und ‚offen'. Und passen Sie auf, wenn Ihnen eine leise Stimme zuflüstert: „Ja, ich verstehe. Ich habe es echt kapiert!" Diese beruhigenden Worte könnten eine Lüge sein. Falls Ihre alten Probleme so weitergehen wie bisher, müssen Sie genauer hinschauen. Sehen Sie mit weisen Augen? Sind Sie wirklich schon darüber hinaus?

Halten Sie jetzt inne und überlegen Sie. Gestehen Sie sich ehrlich die Grenzen Ihres derzeitigen Wissens ein. Um das offensichtlichste Beispiel zu nennen: Niemand weiß mit Sicherheit, was nach seinem Tod geschehen wird. Angesichts dieser Unwissenheit können Sie sich wahrhaft demütig fühlen; denn Sie verstehen, dass all das Wissen, welches durch das Regime des Geistes erworben wurde, sich am Ende Ihrer Zeit auf Erden als nutzlos erweisen könnte. Es geht nicht darum, den Geist hinter sich zu lassen. Der Geist selbst ist der Betrachtende; der Zeigende zeigt auf den Zeigenden. Dennoch brauchen Sie dort nicht stehen zu bleiben. Sie können den Geist selbst öffnen. Das ist nicht nur eine entfernte Möglichkeit. Was auch immer erscheint, können Sie freudig begrüßen. Sie können das ‚Von' und das ‚Zu' dirigieren.

## Kognitives Licht

Eine Gedanken- oder Erfahrungsblase taucht auf und ist schon gleich verschwunden. Können Sie das Innere der Blase finden, die bereits vergangen ist – der Blase von gestern? Können Sie dort verweilen?

Bevor die Blase überhaupt erscheint, muss es eine Art von Potenzial geben, einen Zustand von Potenzialität, könnte man sagen. Er ist bereits in jedem Gedanken und jedem Wort vorhanden. Er ist mehr als nur das Wirken der Sinne und bereits vor dem Flüsterer da. Was können Sie darüber sagen? Schauen wir noch einmal und noch genauer hin. Zuerst zeigt sich ein Objekt einem der Sinne oder dem Geist. Es hat noch keine Form. Jetzt machen Sie das Foto; Sie klicken auf die Beschriftungstaste. Das also ist die eine Seite. Sie brauchen das Objekt. Ich spreche nicht nur von einem Objekt, das vor Ihnen auftaucht; es könnte auch etwas sein, das Sie erinnern, sich vorstellen oder fühlen. Das spielt keine Rolle.

Nun gibt es die andere Seite: den Beobachter oder Etikettierer. Damit eine Benennung stattfinden kann, muss alles bereit sein. Die Worte sind da, auch die potenziellen Bedeutungen, aber die Benennung hat noch nicht stattgefunden. Man könnte sagen, um das Foto schießen zu können, benötigt man Licht. Nicht physisches Licht: kognitives Licht. Um das, was bewusst ist, zu benennen, muss es einen Wissenden geben. *Wer ist das?*

Denken Sie an die Rhythmen einer Flussströmung und an das Wasser, aus dem der Fluss besteht. Die beiden bedingen einander. Genauso hängen die Wellen vom Ozean ab, der Regenbogen vom

Raum, das Bild vom Augensinn und die Reflexion vom Spiegel. Die irrtümliche Wahrnehmung einer Schlange hängt ab vom aufgerollten Seil und eine Fata Morgana in der Wüste von der Lichtbrechung in erhitzter Luft.

All dies sind Augenblicke der Erscheinung. Wie entstehen sie?

## Manifestationen des Geistes

Da wir uns auf der Ebene des konventionellen Verstehens bewegen, müssen wir darauf achten, wie gewöhnliche Erfahrung funktioniert. Die zugrunde liegenden Rhythmen mögen weit von dem entfernt sein, was wirklich ist, aber es lohnt sich, sie zu erforschen. Jede Manifestation ist anders, und das müssen wir würdigen. Auf der gewöhnlichen Ebene gibt es die Welt der Gefühle: traurig oder glücklich, emotional oder ruhig. Weise Augen sehen, dass all diese Gefühle — von ekstatischer Glückseligkeit bis hin zu lähmender Verzweiflung — gleichermaßen konditioniert sind. Dennoch sind sie da. Der Geist selbst ist einfach, ungeboren, doch seine Magie bringt unzählige Formen hervor.

Wenn Sie sich selbst und anderen von Nutzen sein wollen, betrachten Sie sich als Übersetzer zwischen dem stillen Lichtfeld und den endlosen Manifestationen, aus denen unsere Welt entsteht. Wenn Sie beides kennen, können Sie anderen einen Weg zeigen, wie sie mit ihrer eigenen Erfahrung umgehen und das Regime loslassen können.

Es gibt zwar alte Lehren, die Wege dazu aufzeigen, aber es ist nicht klar, ob sich die Menschen heute darauf verlassen können. Konzepte, die in der Vergangenheit entwickelt wurden, um eine solche Untersuchung zu unterstützen, sind vielleicht für die heutigen Umstände nicht mehr relevant. Vielleicht liegt es auch einfach daran, dass wir nicht mehr in der Lage sind, die Tiefe zu verstehen, die sie zu vermitteln versuchen. So oder so brauchen wir vielleicht einen neuen Weg, um die Wahrheit dessen, was ist, zu berühren. Darauf müssen wir uns konzentrieren. Wenn Sie Ihr volles Potential nutzen wollen, obliegt das Ihrer Verantwortung.

## Keine weiteren Kreise

Probleme entstehen innerhalb vom Regime des Geistes, und die Menschen haben schon immer ihr Bestes gegeben, sie zu lösen. Sie knüpfen Beziehungen und erlassen Gesetze; sie lehren Moral und feiern diejenigen, die echte Fürsorge zeigen; sie unterstützen, was gerecht ist, und verurteilen, was unfair ist. Doch all diese Lösungen haben keinen dauerhaften Erfolg. Sie führen unweigerlich zu neuen, unvorhergesehenen Problemen. Manchmal sind die menschlichen Bemühungen um Problemlösung inspirierend, aber in anderen Momenten der Geschichte kehren die alten Muster zurück, und die Menschen werden zutiefst entmutigt.

Wir müssen einen anderen Weg finden, einen, der keine Grenzen kennt und keine Lehrmeister braucht: einen Weg, der einfach loslässt. Wir müssen Umarmungen und Küsse anbieten und darauf vertrauen, dass unsere Liebe und Wertschätzung eine Ebene berührt, die tiefer liegt als der nicht enden wollende Strom von Schwierigkeiten und Frustrationen.

Die Erkenntnis des Regimes bietet keine dauerhafte Lösung für das Leiden oder für menschliche Grausamkeit und Konflikte. Warum sollte man sich diese Lektion nicht zu Herzen nehmen? Sie können mit den Schultern zucken und sagen: „Leiden ist unvermeidlich, und Veränderung ist unmöglich". Aber Sie können sich auch selbst herausfordern, anders zu leben.

Was können Sie tun? Sie können sich entschließen, einen neuen Weg des Wissens zu finden. Sie können die Sprache als Mittel gegen sich selbst einsetzen. Indem Sie die Operationen des Geistes analysieren, können Sie die Vorstellungen durchdringen, an die das begriffliche Verständnis Sie jetzt bindet. Sie können die Sinne direkt herausfordern und ermutigen, zu Helden des Erwachens zu werden. Sie können bereit sein, im Feld des Lichts zu spielen und eine neue Art zu sein umarmen. Das wahre Geheimnis liegt nicht irgendwo anders. Es ist genau hier, in dem, was wir Realität, Wahrheit oder tägliches Leben nennen. Es ist in der Verwirrung und Einsamkeit, in Langeweile, Gedanken und Konzepten, aber auch in all den Insekten, Eidechsen und Obstbäumen. So manifestiert sich alles. Doch bevor dies geschieht, noch vor den Bedingungen, gibt es eine Einheit, ein Spiel des Lichts.

## ÜBUNG 21

## Ein Spiel des Lichts

Was auch immer geschieht, was auch immer entsteht, es ist ein Spiel des Lichts. Sie sind nicht getrennt, kein Beobachter: Auch Sie sind

Licht. Es gibt keine Erwartungen, dass irgendetwas passieren soll. Es gibt keine Geschichte darüber, woher dieses Licht kommt oder wohin es geht. Es gibt nichts zu beobachten oder zu korrigieren. Seien Sie einfach das, was Sie schon sind: offen, strahlend, wissend. Ein Spiel des stillen Lichts.

## Behandeln Sie sich gut

Leiden ist schlimm genug. Aber es ist auch ein Zeichen dafür, dass Sie sich selbst betrügen. Wenn Sie die Gelegenheit zu Freude und innerem Frieden haben, werfen Sie diese bitte nicht weg. Ersetzen Sie Ihren inneren Schatz nicht durch Zweifel, Ängste und Kummer.

Ihre oberste Priorität sollte sein, sich selbst gut zu behandeln. Sie können der Macht von Verlangen, Anhaftung und Sucht entgegenwirken, indem Sie die guten Dinge wertschätzen, die Sie in Ihrem Leben getan haben, und welche Gefühle diese Ihnen vermittelt haben. Bleiben Sie Ihrem Gespür für das, was Wert hat, treu, dann können die Ablenkungen, die Sie von dem wegzerren, was Ihnen wirklich am Herzen liegt, nicht Fuß fassen.

Es gibt viel Schönes in der Welt, in der wir leben: Sonnenuntergänge und Blumen, Glocken und Vögel, unsere wunderbaren Ozeane mit unzähligen Lebensformen, die noch immer nicht identifiziert werden konnten. Es gibt auch Menschen, die täglich ihren Mut und ihre Hilfsbereitschaft unter Beweis stellen. Denken Sie an die Beschäftigten in den Krankenhäusern während der Covid-Pandemie;

denken Sie an die Sanitäter, die in Kriegszeiten ihr Leben riskieren, um Opfer von Bomben und Beschuss zu retten. Denken Sie an die Menschen, die ihren Nachbarn mit Lebensmitteln helfen, wenn ein Familienmitglied gestorben ist, an die Menschen, die heimatlose Tiere retten, die denen, die nichts haben, Nahrung, Kleidung und Geld spenden. Ich könnte seitenlang aufzählen, was die Menschen einander jeden Tag an Wohltaten erweisen.

Wenn Sie Freude und Sinn in Ihrem Leben kultivieren, erreichen Sie mühelos eine entspannte Art des Seins. Ihr Geist ist leicht und offen für eine reine und leuchtende Energie. Vergangenheit, Gegenwart und Zukunft holen Sie nicht mehr ein, und es besteht keine Notwendigkeit, an dem festzuhalten, was auch immer vorher war. Auch Sie können Teil des Stroms von Güte und Liebe sein und Ihren eigenen ruhigen Weg finden, heldenhaft den alltäglichen Herausforderungen ins Auge zu schauen.

Deshalb spreche ich davon, sich selbst Umarmungen und Küsse anzubieten. Seien Sie liebevoll zu sich selbst, dann können Sie sich Ihrer Gefühle, Sinne und Ideen bewusst sein, ohne von deren Inhalt gefangen zu werden. Wertschätzung wird zu Ihrer zweiten Natur. So sind Sie nicht länger in Ihren eigenen Projektionen gefangen und können sich daran erfreuen, wie Erscheinungsformen entstehen und sich ausdrücken.

Je mehr Sie sich um sich selbst kümmern, desto häufiger werden Sie sich fragen, wie Sie Ihr Wissen weitergeben können, damit auch andere sich von ihren festen Standpunkten und Ansprüchen befreien können. Während Sie diese Frage erforschen und sich zu Herzen nehmen, sollten Sie bedenken, dass es viele Grade von Ignoranz und

Nichtwissen gibt, viele Möglichkeiten, in die Stumpfheit von konventionellem Verständnis zu verfallen.

Das Regime des Geistes untergräbt all unsere Versuche, uns von unseren Konditionierungen zu befreien. Es bereitet Ablenkungen vor, die uns aus dem Gleichgewicht bringen, und es füllt unsere Köpfe mit Illusionen. Die Menschen verfangen sich in Träumen, Wünschen und Verwirrung. Sie stolpern in denselben Kreisen herum, immer unter dem wachsamen Auge der Torwächter, immer mit einem Ohr dem allgegenwärtigen Flüsterer zuhörend.

Der Weg, anderen zu helfen, die auf diese Weise gefangen sind, besteht darin, den Flüsterer selbst zu konfrontieren – das Regime in Frage zu stellen. Noch bevor der sensorische Input verarbeitet wird und die üblichen Botschaften heruntergeladen werden, können Sie loslassen. Die Schichten von Benennungen und Reaktionsweisen verschwinden einfach im stillen Licht: kein Innen, kein Außen, keine Struktur.

Die Tiefe, die in jedem aufblitzenden Moment zur Verfügung steht, ist bereits vorhanden. Also, genau jetzt, in *diesem Augenblick*, entspannen Sie sich vollständig. Öffnen Sie Ihr Herz und Ihre Sinne. Zu einer anderen Welt erwacht, mit neuem Wissen und sprühendem kreativen Potential, können Sie selbst eine Geste der Liebe sein. Das ist der Weg, den Wesen zu nützen.

## Kapitel zehn

# Die Dynamik der Zeit

## Die Grenzen der Identität

Wie wir gesehen haben, hat die Bildung der Identität im Regime des Geistes einen zentralen Stellenwert. So effizient diese Art, eine Welt zu schaffen, auch sein mag, so hat sie doch von Natur aus eine trennende und einschränkende Wirkung. Gleichzeitig werden Subjekt und Objekt etabliert und als feststehend und real dargestellt.

Ich, das Subjekt, nehme dann eine Position gegenüber dem Objekt ein. Wenn ich es mag, versuche ich, mehr davon zu bekommen. Wenn es mir nicht gefällt, kämpfe ich darum, es wegzuschieben. Wenn ich gleichgültig bin, verliere ich die Möglichkeit, das Objekt überhaupt kennenzulernen, und es ist dann so, als sei es nie da gewesen.

Und was passiert, wenn das ‚Objekt' ein Gedanke, ein Gefühl oder eine Emotion ist? Ich entfremde mich von mir selbst. Ich kämpfe darum, mehr von einem Gefühl zu fühlen, das ich mag; ich kämpfe darum, ein Gefühl zu verdrängen, das ich nicht mag; und ich ignoriere Gefühle oder Gedanken, an denen ich kein Interesse habe. Wenn meine Identität zum Beispiel damit verbunden ist, ‚die Person zu sein, die traurig und ernst ist', nehme ich vielleicht nicht einmal wahr, wenn freudige Gefühle aufkommen.

Weit entfernt von einem Spiel des Lichtes, bin ich zu einem Ding aus Stein geworden.

## Zeit und Wandel

Die Identitätsbildung ist nicht die einzige Art und Weise, wie das Regime des Geistes die natürliche Freude des Seins untergräbt. Durch das Regime wird auch das offene Potenzial im Herzen der Zeit verzerrt.

Je nachdem, was passiert und welche Entscheidungen Sie treffen, kann auch Zeit selbst zu einem ‚Problem' für Sie werden. Sie verpflichten sich, ein Projekt in der nächsten Woche abzuschließen, und fühlen sich sofort unter Druck gesetzt: Sie haben nicht genug Zeit. Sie planen einen Urlaub in einem Monat und die Wartezeit wird ihnen lang. Wir markieren die Zeit durch Rituale – Geburtstage, Abschlüsse, Hochzeiten – und vergleichen sie dann mit dem, wie wir damals waren: klüger, dümmer, dünner, dicker, jünger. Dann machen wir uns Vorwürfe: „Warum habe ich damals nicht gewusst, was ich heute weiß?" Oder: „Warum bin ich nicht so geblieben, wie ich damals war?" Wie Sie sich mit der Zeit auseinandersetzen und sie schätzen, prägt die Art und Weise, wie Sie Ihr Leben erzählen.

## Vergangenheit, Gegenwart und Zukunft

Wenn Sie sich auf eine Welt der identifizierten Dinge festlegen, legen Sie sich auch auf den Rhythmus der linearen Zeit fest. Zu sagen, dass etwas ein Stuhl ist, bedeutet, dass es durch die Zeit hindurch ein Stuhl bleibt, auch wenn diese Zeit kurz ist. Genau das ist die Bedeutung von ‚ist': Beständigkeit durch die Zeit hinweg.

Ihre eigene Identität unterliegt demselben linearen Muster. Wenn der Gedanke auftaucht: „Ich bin gelangweilt", verpflichtet Sie ‚bin' dazu, zumindest für eine bestimmte Zeit lang gelangweilt zu sein. Das von dieser Beschreibung ausgelöste Gefühl mag aufgetaucht und wieder verschwunden sein, es mag tatsächlich ein interessantes Gefühl gewesen sein und überhaupt nicht langweilig, aber woher wollen Sie das wissen? Der Flüsterer hat gesagt: „Ich bin gelangweilt", also *müssen* Sie gelangweilt sein, bis der Flüsterer sagt: „Ich bin etwas anderes".

Auf dem Weg von der Vergangenheit über die Gegenwart in die Zukunft interpretieren und spekulieren Sie, urteilen und bewerten, beanspruchen Kontrolle oder suchen Gefallen. Die Dinge, die Sie mögen, die Sie nicht mögen oder an denen Sie kein Interesse haben, werden nach vergangenen Begegnungen, gegenwärtigen Wünschen und zukünftigen Hoffnungen und Ängsten benannt. ‚Bin', ‚ist' und ‚war' fixieren das. Wie ein Metronom wiederholen Sie alles im Dienste der ‚Gleichheit', der Bewahrung Ihrer Identität.

Enttäuschend, nicht wahr?

Doch so sehr Sie auch an Ihrer Identität festhalten, so sehr müssen Sie auch anerkennen, wie sehr Sie sich verändert haben. Sie haben nicht mehr die gleiche Größe wie mit sechs Jahren. Sie haben nicht mehr dieselben Gedanken und Wünsche. Die Dinge, die Sie in der Vergangenheit getan haben, sind nicht mehr da, egal ob Sie diese jetzt als ‚gut' oder ‚schlecht' bezeichnen. Ihre Gefühle verändern sich ständig, die Zellen in Ihrem Körper sterben und werden neu geboren. Alles verändert sich auf jeder Ebene, in jedem Augenblick. Tief in Ihrem Inneren wissen Sie das.

Was erschien Ihnen zum Beispiel zu verschiedenen Zeiten in Ihrem Leben am wichtigsten? Gibt es Dinge, von denen Sie in Ihrer Jugend absolut überzeugt waren und die Sie jetzt nicht mehr glauben? Gibt es Dinge, die Sie nicht mochten, die Sie jetzt aber mögen? War Ihnen früher jemand sehr wichtig, der Ihnen heute egal ist? Gibt es überhaupt etwas, das sich seit Ihrer Jugend *nicht* verändert hat? Wenn das Regime Ihnen ständig einflüstert, dass Sie und die Welt statisch sind — dass Sie ‚sind' und etwas ‚ist' — erzählt es Ihnen eine Lüge, die Sie nicht glauben müssen.

## Verantwortung übernehmen

Ein Grund dafür, dass Sie sich an eine feste Identität klammern, könnte mit Angst zu tun haben. Ein unveränderliches ‚Selbst' in einer identifizierten Welt erlaubt es Ihnen, sich der Fantasie hinzugeben, dass Sie für immer hier sein werden. Vielleicht *wollen* Sie deshalb nicht loslassen.

Die Tatsache der Vergänglichkeit wirft auch die Frage auf, wie gut Sie Ihre Zeit auf der Erde genutzt haben. Wahrscheinlich haben Sie die Erwartungen Ihrer Eltern und Lehrer an Sie selbst nicht erfüllt oder nicht alle Ziele erreicht, die Sie sich in Ihrer Jugend gesetzt haben. Vielleicht haben Sie nicht Ihre negativen Eigenschaften transformiert oder die negativen Einstellungen anderer verändert. Vielleicht haben Sie sich nicht immer so verhalten, dass Sie mit sich selbst zufrieden waren.

Jede Stunde, jede Minute ist eine Chance, doch die meisten Menschen lassen die Möglichkeiten, die die Zeit bietet, ungenutzt verstreichen. Sie lassen sich ablenken oder verfallen in eine Art Leere. Sie schieben das auf, von dem sie wissen, dass es getan werden muss. Aus emotionalen Gründen und gedankenverloren wiederholen sie Muster, die wenig sinnvoll und möglicherweise destruktiv sind. Sie akzeptieren den Gedankenflüsterer, ohne seine Botschaften jemals zu hinterfragen.

Es gibt keinen Grund, sich deswegen schuldig zu fühlen. Doch wenn Sie die Zeit verstreichen lassen, sind Sie sich selbst zu lange untreu gewesen. Für die Zukunft können Sie sich vornehmen, Ihre Zeit sinnvoll zu nutzen. Das ist gar nicht so schwer.

Verpflichten Sie sich einfach zu dem, was gesund, lebendig und positiv ist. Sie können langsam beginnen: mit dreißig Minuten pro Tag für Wertschätzung und Freude; mit dem Erkennen dessen, was für Sie von Bedeutung ist, ohne sich ablenken zu lassen; mit der Leichtigkeit von Körper, Atem und Geist. Dann erweitern Sie: eine Stunde pro Tag, zwei Stunden, einen halben Tag.

Und was ist mit dem Rest Ihres Lebens?

## Zeit genauer untersuchen

Wenn Sie sich erst einmal für Umarmungen und Küssen entschieden haben, werden Sie auch motiviert sein, die Natur der Zeit genauer zu erforschen. Sie können nach innen schauen und sich fragen: Bleiben die Dinge wirklich gleich? Bewegt sich die Zeit wirklich in einem gleichmäßigen Tempo? Ignoriere ich, um mich sicher zu fühlen, die Dynamik der Zeit und ihr natürliches Momentum hin zu mehr Frische und neuen Möglichkeiten. Ist die Form der Zeit so etwas wie das Ziffernblatt einer Uhr?

Dabei wird Ihnen vielleicht etwas Beunruhigendes klar. Wir leben in einer Welt der linearen Zeit, aber die Teile passen nicht ganz zusammen. Können wir zum Beispiel wirklich den gegenwärtigen Moment finden? Wenn wir das Wort ‚jetzt' aussprechen, ist die Gegenwart bereits Vergangenheit.

Sind wir also jemals in der Gegenwart? Wahrnehmung braucht Zeit, um sich als Erfahrung zu manifestieren. Vielleicht sind wir also immer in der Vergangenheit und nie in der Lage, mit dem Schritt zu halten, was tatsächlich jetzt geschieht.

Oder sind wir immer in der Gegenwart? Ist eine Reihe von gegenwärtigen Momenten alles, was es gibt? Oder vielleicht ist es zutreffender zu sagen, dass wir in der Zukunft verweilen, denn zukünftige Momente scheinen sich vorwärts zu bewegen, um zur Gegenwart zu werden, während wir ‚jetzt' sagen.

## ÜBUNG 22

# Entfaltung von Zeit

Setzen Sie sich bequem hin und entspannen Sie Ihren Körper. Lassen Sie sich in die Stille hinein fallen. Stellen Sie sich nun vor, dass Sie genau an dem Punkt sitzen, an dem ein zukünftiger Moment zu einem gegenwärtigen und der gegenwärtige Moment zu einem vergangenen wird. Tun Sie dies auf jede beliebige Weise. Seien Sie einfach im Zentrum der Dynamik von Zeit und ruhen Sie dort.

Was *ist* Zeit? Wie bewegen sich Momente voran? Was treibt sie an? Woher kommen sie, und wohin gehen sie?

Der Flüsterer sagt Ihnen, dass Sie das alles ignorieren sollen; es sei langweilig und spiele keine Rolle. Schließlich stimmen Ihre Erinnerungen mit dem überein, was möglich und ersichtlich ist; die Objekte, die Sie identifizieren, sind dieselben, die Sie schon immer identifiziert haben, und Sie können die Wirkungsweise von Ursache und Wirkung nachvollziehen. Wenn Vergangenheit, Gegenwart und Zukunft etwas schwer zu fassen sind, dann ist das eben so. Die Zeit vergeht, daran gibt es keinen Zweifel. Und wenn nicht klar ist, wie das geschieht, dann bleibt das eben schleierhaft.

Der Flüsterer führt Sie in die Irre! Es gibt viel mehr über Zeit und Identität zu verstehen, vorausgesetzt, Sie sind bereit, unter die

Oberfläche zu schauen. Da sind die Muster und Rhythmen der Zeit, die sich scheinbar nach außen hin ausbreiten und Ihre Reise durch das Leben von einem Moment zum nächsten vorantreiben. Da ist die Frage, wie winzige Zeiteinheiten miteinander verbunden sind, so dass die Erfahrungseinheiten scheinbar nahtlos ineinander übergehen. Auf bestimmte Art und Weise verdichten sich Erfahrungen zu sich wiederholenden Schleifen, die jeweils durch ihre eigene innere Logik bestätigt werden.

## Die Welt mittels linearer Zeit etablieren

Was auch immer erfasst oder festgestellt wird, wird durch das Regime des Geistes konstruiert. Die Prozesse des Regimes funktionieren auf lineare Weise und stützen sich auf die Erinnerung an vergangene Erfahrungen, um das ‚Reale' zu schaffen und zu bestätigen.

Etwas taucht auf, und sofort wird es anhand eines vorhandenen Etiketts identifiziert. „Das ist rot." Damit eine Identifizierung stattfinden kann, muss ‚rot' bereits zu einem früheren Zeitpunkt als mögliche Bezeichnung eingeführt worden sein. ‚Rot' wird nur deshalb erkannt, weil es wiedererkannt wird. Damit Erscheinung und Erfahrung entstehen können, muss es eine Erinnerung, eine Wiederholung, ein Echo geben. „Das ist eine Rose." „Das ist mein Freund, den ich schon seit Jahren kenne."

Jedesmal wenn sie etwas wiedererkennen und jede neue Reaktion bestätigen die geltenden Regeln. Der Geist weiß, dass etwas wirklich ist, weil *er bereits entschieden hat, was als real gilt,* und er bezieht sich auf ‚die Wirklichkeit' durch einen Prozess, der eine Vorstellung von linearer Zeit erfordert. Auf diese Weise ist ein Gefühl von ‚Vergangenheit' Teil unserer gesamten Erfahrung.

Da dieser zeitliche Prozess für den Akt des Erkennens wesentlich ist, akzeptieren wir, dass Erscheinung das Ergebnis einer Abfolge von Ereignissen ist. Wir gehen automatisch davon aus, dass es eine Abfolge früherer Momente gibt. Wenn wir in die Hände klatschen — KLAPP! — dauert es nur einen Augenblick, aber wir sind fest von der Vorstellung überzeugt, dass die Vergangenheit im Moment des Klatschens da ist. Etwas kommt ‚von' und etwas geht ‚zu'. Jedes ‚Jetzt' scheint das Ergebnis eines früheren ‚Jetzt' zu sein.

Das Regime des Geistes reagiert auf die Rückmeldungen, die es von Moment zu Moment erhält, es formt Eindrücke, empfängt Downloads, weist auf etwas hin. Auf ihrem Weg von einem Punkt zum nächsten wird unsere Erfahrung nicht nur von der Vergangenheit geprägt, sondern in gewisser Weise auch von unseren Erwartungen an die Zukunft.

Aber können wir uns auf solche Erwartungen verlassen? Die Erfahrung, die wir gestern gemacht haben, scheint der Erfahrung von heute sehr ähnlich zu sein: Der Baum vor dem Fenster ist immer noch da und wir scheinen ihn auf dieselbe Weise zu bewundern. Wir erwarten also, dass er auch morgen noch genauso da sein wird. Aber wo ist der Zeuge für diese Gleichheit? Vielleicht war die gestrige Erfahrung weit von der heutigen entfernt und die heutige wird weit von der morgigen entfernt sein.

Woher sollen wir das wissen?

## Die zeitliche Dynamik

Zeit erscheint, Raum erscheint, Aktivität erscheint. Auch ich erscheine und bin bereit, auf etwas zu deuten, es zu benennen und entsprechend zu reagieren. Meine Reaktionen sind vorhersehbar, denn sie folgen derselben alten Routine. Wie eine abgehalfterte Rockband, die einen Auftritt nach dem anderen in einem Club gibt, spiele ich immer wieder die gleichen alten Stücke.

Damit ich selbst in Erscheinung treten kann, müssen mir wiederum Erscheinungen entgegenkommen, und das tun sie. Warum? Weil der Raum da ist, in dem sie erscheinen können, die zeitliche Dynamik, in der sie entstehen können, und das Wissen, mit dem sie erkannt werden können. Die Rhythmen des Subjekts kennzeichnen *meine* Erfahrung, *meinen* Geist, *meine* Gefühle. Die Rhythmen des Objekts spezifizieren den Inhalt der Erfahrung: die Welt, die sich zeigt, um erkannt zu werden, die Interaktionen, die mich reagieren lassen. Es gibt die endlosen Reaktionen selbst: sich langweilen, sich Sorgen machen, sich negativ fühlen. „Ich habe Angst." „Was für ein schreckliches Wetter."

Dann gibt es noch die Bereiche der inneren Welt, in denen meine Persönlichkeit geformt wird. Ich spiele meine vielen Identitäten aus, erlebe sie dementsprechend und bestätige dabei die von mir eingenommenen Positionen und die Situationen, die ich zu besitzen beanspruche. Ich gehöre hierher und nicht dorthin; ich glaube an diese Religion und nicht an jene. Ich arbeite, damit ich mich finanziell abgesichert fühle. Ich glaube an die Demokratie; ich praktiziere in meiner Kirche oder meinem Tempel.

So lege ich mir auf vielfältige Weise Fesseln an. Ich glaube und gehöre dazu, und durch meinen Glauben und meine Zugehörigkeit bin ich gebunden und festgezurrt. Ich halte daran fest und wenn ein Thema aufkommt, reagiere ich automatisch. Ich sage: „So ist es – das glaube ich." Wenn du mich fragst, warum, sage ich dir meine Gründe, aber meine Gründe sind *es* gar nicht. Ich stecke mitten *darin,* und alles, woran ich festhalte — meine Kirche, mein Dogma, meine Gefühle, mein Geist und mein Körper – sind ebenfalls Teil *davon.* Es gibt keine Möglichkeit, es zu ändern, denn es ist *meins,* und ich bin daran gebunden, es zu akzeptieren. Es gibt *mich* und das, was erscheint, und es gibt unsere Interaktion miteinander.

Wenn Sie in der Dynamik der Zeit gefangen sind, werden Sie ständig von wechselnden Gefühlen und Gedanken bombardiert, die Sie nicht kontrollieren können. Der Geist selbst ist einfach, doch in seiner Magie erzeugt er unzählige Formen.

Wenn Sie die zeitliche Dynamik verstehen, die all das hervorbringt, können Sie das Seil loslassen, das Sie an das Regime des Geistes fest bindet, und eine neue Art zu sein gestalten.

# Intermezzo

[ ]

KAPITEL ELF

# Die Unmittelbarkeit des Augenblicks

## Regime-Zeit

Das Regime legt die Regeln fest, die die Rhythmen der linearen Zeit bestimmen, aber wer hat das Regime unterrichtet? Seltsamerweise denken wir nie daran, das zu fragen. Die Kultur, in der wir leben, oder unsere geerbte Geschichte sind mögliche Antworten, aber die Kultur ist ein Ausdruck des Geistes und die Geschichte ist eine Aufzeichnung der Manifestationen des Geistes, so dass uns das einer soliden Grundlage nicht näher bringt.

Zeit, so wie sie vom System dargestellt wird, besteht aus Einheiten. Wir sprechen z. B. von Augenblicken, Minuten, Stunden und Tagen, von Frühling, Sommer, Herbst und Winter, von Anfängen, Mittel- und Endpunkten. Jede Einheit scheint von allen anderen Einheiten unterscheidbar zu sein — dieser Moment ist nicht der vergangene oder der nächste Moment. Und jede Einheit scheint auf die vorhergehende in einem stetigen, unaufhaltsamen Marsch zu folgen. Sobald ein Moment endet, ist er vorbei und der nächste Moment nimmt seinen Platz ein.

Bei diesem Zeitverständnis bewegen wir uns von der Vergangenheit aus vorwärts in eine unbekannte Zukunft, und die Zeiteinheiten bewegen sich von der Zukunft aus rückwärts auf uns zu. Jeder ‚zukünftige' Moment wird schließlich zu einem gegenwärtigen Moment, und jeder gegenwärtige Moment wird schnell zur Vergangenheit. Noch bevor wir ‚jetzt' sagen können, ist der gegenwärtige Moment vorbei. Es gibt nur noch eine Erinnerung an das, was eine wichtige Erfahrung war; später verblasst sogar die Erinnerung.

In der Zwischenzeit versuchen wir, jede ‚Jetzt'-Erfahrung zu erfassen. Aber selbst wenn wir die Hand ausstrecken, um eine Erfahrung festzuhalten, ist sie schon vorbei. Unsere innere Gedächtniskamera, die den Moment aufzeichnet, gibt uns bestenfalls ein statisches Abbild dessen, was wir gesehen haben, ein Echo dessen, was wir gefühlt haben. Jede Erfahrung hat die Qualität des ‚Vergangen-Seins'. Gleichzeitig rasen Millionen von ‚unbekannten' zukünftigen Momenten auf uns zu. „Oh nein, was wird als nächstes kommen?" Wir haben keine Ahnung, also haben wir Angst.

## Ein Paradox

Es ist wichtig, Zeit genauer zu untersuchen. Wenn das Regime des Geistes kein vollständiges Bild vermittelt — wenn die Struktur der

Zeit nuancierter und vielschichtiger ist, als wir uns dies vorstellen — dann leiden wir unnötig. Zeit in ihrer Fülle zu verstehen, kann der Schlüssel zu innerem Frieden und Freiheit sein.

Normalerweise stellen wir uns Zeit wie ‚Perlen auf einer Schnur' vor. Doch diese Metapher stellt uns vor ein Paradoxon.

Einerseits, wenn Zeit wirklich wie Perlen auf einer Schnur ist, wie sind die Perlen dann miteinander verbunden? Was ist die *Schnur*, die einen Moment mit dem nächsten verbindet? Warum scheinen sich die Perlen nur in eine Richtung zu bewegen? Wir erleben uns selbst und die Dinge um uns herum als kontinuierlich und dauerhaft durch die Zeit, also müssen wir irgendwie von Perle zu Perle springen. Aber wie? Wenn es eine Brücke gibt, die es uns ermöglicht, von einer Perle zur anderen zu gelangen, woraus könnte sie bestehen? Aus einer anderen *Art* von Zeit?

Andererseits, wenn die Zeiteinheiten nicht differenziert und getrennt sind, also nicht wie Perlen auf einer Schnur, welche Form hat dann Zeit? Wir könnten denken, dass Zeit ein kontinuierlicher Strom von gegenwärtigen Momenten ist, wie ein Fluss. Aber wenn das der Fall ist, wie können wir dann auf Vergangenheit, Gegenwart oder Zukunft verweisen, Ursache und Wirkung verstehen oder den Ursprung von etwas finden?

Wenn alle Zeit ‚gegenwärtige' Zeit wäre, würde nach der gewöhnlichen Logik alles zur gleichen Zeit geschehen. Es gäbe nur einen einzigen kontinuierlichen Zeitfluss — unbegrenzt, endlos — ohne die Möglichkeit, Anfang, Mitte oder Ende zu unterscheiden.

## Leidenseinheiten

Das mag alles sehr abstrakt klingen. Aber bedenken Sie: Es gibt auch Einheiten des Leidens. Für jede der Geschichten, die Leiden verursachen, gibt es einen Anfang, einen Ausgangspunkt. Menschen weinen und fühlen sich allein; sie fühlen sich wertlos und denken an Selbstmord. Was ist die Geschichte, die zu solchem Leid führt? Wie lassen sich solche Erfahrungseinheiten ableiten? Es muss ursprüngliche Zeit-Punkte geben, zu denen der Geist Zugang hat. Wenn wir diese Einheiten verstehen würden, könnten wir verstehen, wie Gefühle und Gedanken entstehen. Wenn Form erscheint und Gestalt annimmt, könnten wir unser Festhalten an Substanz und Identität nachvollziehen. Wir könnten in der Lage sein, einzelne Erscheinungen zu verändern, bevor sie entstehen.

Es scheint, dass es eine grundlegende Einheit geben muss, sonst könnten keine Rhythmen entstehen und keine Erfahrungen gemacht werden. Wenn wir diese Einheit kennen würden, hätten wir vielleicht einen Schlüssel zum Verständnis der Strukturen, die unsere Erfahrung prägen.

## Eine infinitesimale Perspektive

Der ‚Augenblick' ist ein anderes Modell der Zeit. Ich stelle es hier vor, weil es die Paradoxien eines linearen Modells auflösen und gleichzeitig einen neuen Weg zum Verständnis von Erfahrung bieten kann. Es kann unser Gefühl für die Linearität der Zeit und *auch* für ihre Kontinuität erklären; dafür, wie Anfänge, Mittel- und Endpunkte entstehen, und *auch* für unser Gefühl, dass Zeit fließt. Der

Augenblick betrachtet die Zeit aus einer infinitesimalen statt aus einer schrittweise sich aufbauenden Perspektive. Diese Perspektive stimmt zwar nicht ganz mit unserer Alltagserfahrung überein, untergräbt sie aber auch nicht.

Der infinitesimale Ansatz zur Zeit postuliert den ‚Augenblick' als Grundeinheit der Zeit. Der ‚Augenblick' ist die kleinste vorstellbare Zeiteinheit, die es geben kann, ohne Null zu sein. Dabei ist zu bedenken, dass wir einen bestimmten Augenblick nie wirklich *identifizieren* können, denn sobald wir das tun, können wir eine kleinere Einheit schaffen – beispielsweise die Hälfte dieses Augenblicks. Wir akzeptieren also als Axiom, dass es eine Zeiteinheit geben *muss*, die die kleinstmögliche ist, und nennen sie einen ‚Augenblick'; gleichzeitig ist uns klar, dass wir diese Einheit nicht messen oder eindeutig bestimmen können, denn sobald wir dies tun, ist sie nicht mehr die kleinstmögliche Einheit. In gewissem Sinne können wir es uns ähnlich wie ein Quantenteilchen vorstellen. Der ‚Augenblick' hat keine bestimmte Größe oder Dauer, aber seine Auswirkungen können erkannt werden.

Da der Augenblick per Definition immer so nahe wie möglich bei Null ist – oder an dem, was wir als ‚keine Zeit' bezeichnen könnten –, aber niemals dort ankommt, bewegt er sich nicht von der Zukunft über die Gegenwart zur Vergangenheit: Er bleibt still, nähert sich immer der Vergangenheit, wird aber niemals zu ihr. Der Augenblick hat eine gewisse Ähnlichkeit mit dem Symbol, das wir für Null verwenden, da es in seinem Herzen nur Offenheit gibt, aber er ist *nicht* Null. Wir könnten sagen, dass der Augenblick, wiederum wie ein Quantenteilchen, weder ‚ist' noch ‚nicht ist' – zumindest in der üblichen Weise, wie wir Existenz definieren.

Der ‚Augenblick' kann niemals eingefangen werden. Seine Größe und Form kann nie bestimmt werden. Vergangenheit, Gegenwart und Zukunft sind in ihm enthalten und alle Punkte werden aus ihm generiert. Aber es gibt keine Einheiten innerhalb eines Augenblicks, also gibt es auch keine Lücken ‚zwischen' Einheiten, die überbrückt werden müssen. Alle Zeitwinkel werden in einem Augenblick dargestellt, alles kann daraus hervorgehen, aber es gibt keinen linearen Prozess mit einem Anfang, einer Mitte und einem Ende.

## Die Unmittelbarkeit des Augenblicks

Unser übliches Zeitverständnis zerlegt Zeit in Momente und muss dann einen Weg finden, diese Momente wieder miteinander zu verbinden. Das ist eine unmögliche Aufgabe, weil sie den Fluss der Zeit außer Acht lässt. Der Augenblick hingegen greift diesen Fluss auf. Er stellt unsere Verbindung zur Dynamik der Zeit wieder her. In gewissem Sinne gibt er uns unser Leben zurück.

Betrachten Sie eine Welle im Ozean. Wenn wir am Ufer des Ozeans stehen, sehen wir, wie sich Wellen bilden, auf das Land zusteuern und dann wieder zusammenbrechen. Wenn wir wollten, könnten wir die Anzahl der Wellen zählen, jede getrennt von den anderen. Das wäre so, als würde man Momente in der Zeit betrachten.

Doch all dies beruht auf einem grundlegenden Irrtum. In Wahrheit gibt es so etwas wie eine Welle gar nicht. Wenn sich das Wasser im Ozean bewegt, angetrieben durch das Wetter und die Gezeiten, nimmt es verschiedene Formen an und einige dieser Formen sind das, was wir Wellen nennen. Es gibt kein bestimmtes ‚Ding' namens

Welle, das sich durch das Wasser bewegt; es ist einfach nur Wasser in Bewegung. Wenn wir auf den Ozean blicken, erkennen wir die Welle als ein separates ‚Ding'. Aber wenn wir an den Ort gehen würden, an dem die Welle erscheint, würden wir feststellen, dass es dort nichts gibt, was man als separat bezeichnen könnte — nur Wasser in ständiger Bewegung. So verhält es sich auch mit dem Augenblick. Er ist nicht auf einen Moment beschränkt, sondern liegt jenseits aller Grenzen.

Da der Ozean immer in Bewegung ist, entstehen Formen und wir geben diesen Formen Namen: ‚diese Welle', ‚jene Welle'. Jetzt können wir eine Welle mit einer anderen in Beziehung setzen; wir können sie analysieren, erklären und Berechnungen anstellen. Das Gleiche gilt für den Augenblick. Im gerade stattfindenden Augenblick entstehen Momente, und wir können den Inhalt dieser Momente miteinander verknüpfen und kohärente Geschichten darüber erzählen, was geschehen ist, geschieht und in Zukunft geschehen wird. In diesem Sinne ist der Augenblick zeitlich, auch wenn er nicht in der Zeit geschieht. Doch wenn wir im Augenblick verweilen, sind wir nicht mehr im Inhalt der Geschichten gefangen, die sich von Moment zu Moment entfalten. Wir müssen nicht zur Wahrheit dessen stehen, was so ist, denn diese Wahrheit ist einfach eine Moment-zu-Moment-Manifestation des Augenblicks.

Wenn wir aufwachsen, lernen wir, die Unmittelbarkeit des Augenblicks durch eine lineare Abfolge von Momenten zu ersetzen. Unser Leben nimmt die Form einer Geschichte an, mit Anfängen, die sich zu einem Ende hin entwickeln. Wir lernen Fähigkeiten, die für diese Struktur unerlässlich sind: wie man Ursache und Wirkung miteinander verbindet, wie man Pläne macht und sie ausführt. Indem wir uns bemühen, die Geschichte unseren Wünschen und Bedürfnissen anzupassen, lernen wir, was es bedeutet, Schmerz und Verlust, Vorfreude und Bedauern zu empfinden. Doch bei all diesen Ereignissen – der Substanz unseres Lebens – geht es um das, was in der Zeit erscheint, nicht um Zeit selbst.

Lineare Zeit, wie sie sich von Moment zu Moment abspult, sagt uns, was real ist. Und wir gehen mit, gebunden an die Konsequenzen der zeitlichen Ordnung, die sie aufstellt. So wie ein Traum seine eigene Logik hat, so hat auch die gewöhnliche Welt der Wach-Realität ihre eigene Logik, die aus Ursache und Wirkung, ‚von' und ‚bis' besteht. Sie gibt uns einen gegenwärtigen Moment, der von der Vergangenheit und der Zukunft geprägt ist. Sie hält uns an der Oberfläche von Zeit. Somit bleiben uns die Tiefen des Augenblicks verborgen.

Doch wir können die Tiefen des Augenblicks wiederfinden. Ohne die Realität und die Logik des Inhalts, den Zeit präsentiert, abzulehnen, können wir uns aus ihrer Umklammerung befreien, so wie wir lernen können, im Traum aufzuwachen.

## Nicht wissen

Es ist wichtig, den Augenblick zu verstehen, also nehmen Sie ihn nicht auf die leichte Schulter. Aber bemühen Sie sich auch nicht zu sehr, ihn begrifflich zu verstehen. Machen Sie den Augenblick nicht zu einer weiteren Theorie, an die Sie ‚glauben', zu einer weiteren Position, die sorgfältig auf die anderen Positionen abgestimmt ist, die Sie bereits eingenommen haben. Das kann nur in die Irre führen.

Es geht nicht darum, sich mit Gewalt aus dem ihnen vertrauten Verständnis von Zeit zu befreien. Lassen Sie einfach das Wissen zu, das in dem steckt, was Sie nicht kennen: eine neue Art des Wissens. Lassen Sie sich durch Staunen leiten. Sie können Partner von Zeit sein. Sie können die Vergangenheit in der Gegenwart und die Zukunft in dem finden, was sich bereits manifestiert hat. Die Sprache kann ihre eigenen Tiefen offenbaren, eine innere Poesie des Seins.

Wenn die lineare Struktur der Zeit, die wir heute akzeptieren, nicht ihre gewohnte unbestrittene Autorität beanspruchen könnte, würden sich Erfahrungen vielleicht eher als Energiewellen denn als identifizierte Entitäten erweisen. Wir könnten mit den Rhythmen des Entstehens und Vergehens vertraut werden. Deshalb kann es so wertvoll sein, wenn wir uns erlauben, nicht zu wissen. Indem wir nicht wissen, sind wir bereits offen.

Lassen Sie sich von Nichtwissen führen und bleiben Sie skeptisch gegenüber Gewissheiten. Wenn Sie sich im Wissen von Einheit üben, lassen Sie Schmerz und Kummer los. Sie lassen *Ich, Mich, Mein* und *Geist* los sowie die Vorstellungen von linearer Zeit und Identität. All diese Dinge entstehen, wenn das Regime seine Landkarte konsultiert.

## Sich weiter öffnen

Wie können wir auf das Wissen im Nichtwissen zurückgreifen? Wir haben bereits gesehen: indem wir uns weiter öffnen, uns vollständig öffnen, um ‚360 Grad' öffnen.

Der Geist ist ständig aktiv. Er will wissen, was womit zusammenhängt, was passt und was nicht. Das bringt eine Spannung mit sich, eine Qualität von Bedürftigkeit. *Öffnen Sie dieses Gefühl.*

Gestützt auf Sinneswahrnehmung erkennen wir und reagieren. Dieses Ding ist gut oder attraktiv, jenes ist schlecht oder ekelhaft. *Öffnen Sie sich über das Beurteilen und Interpretieren hinaus.*

Das Regime analysiert die Erfahrungen. Es trifft Unterscheidungen und entscheidet dann. *Öffnen Sie Für und Wider; gehen Sie über die Verwirrung hinaus.*

Sich auf diese Weise zu ‚öffnen' mag sich lohnen, aber seien Sie vorsichtig. Gewöhnliches ‚Öffnen' ist nicht wirklich offen. Sie mögen die Geste machen oder sich konzeptionell öffnen, aber letztlich fixieren Sie die ganze Zeit über die Person, die sich öffnet, oder das ‚Was' dessen, was geöffnet wird, oder das ‚Innen' und ‚Außen', das ‚Von' und ‚Zu', von dem Sie glauben, dass es eine Öffnung impliziert.

Seien Sie stattdessen völlig offen. Sie werden feststellen, dass Öffnen auch Umarmen bedeutet – dass Umarmungen und Küsse der Weg zum stillen Licht sind. Was für eine wunderbare Gelegenheit! Die meisten Menschen haben noch nie von solchen Möglichkeiten gehört. Aber jetzt wissen Sie es: Wissen um den Augenblick ist der Nektar, der alles Leid verwandeln kann. Sie können der Welt zeigen, was sie braucht, um zu heilen. Sie können durch Ihr Verhalten zeigen, dass die Fähigkeiten, die wir als Menschen besitzen, in sich selbst Frieden, Mitgefühl und Liebe enthalten.

Sie können damit beginnen, die Freude zu schätzen, die sich aus dem einfachen Dasein ergibt. Wenn Sie in Ihrem Herzen Wertschätzung wachsen lassen, werden Sie feststellen, dass die Dinge nicht mehr auf dieselbe Weise ernst sind. Sie können mühelos mit allem umgehen, was auf Sie zukommt. Nähren Sie sich, ehren Sie sich, respektieren Sie sich — nicht in Worten oder Ideen, sondern in Ihrem eigenen Sein, hier und jetzt.

## Kapitel zwölf

# Jenseits von Regime-Zeit

## Präsenz

Wie präsent sind Sie in Ihrer eigenen Erfahrung? Das ist eine vernünftige Frage, die man sich stellen kann. Wenn Ihre Art und Weise, die Welt zu sehen, auf den Bezeichnungen beruht, die der Geist ihr ständig zuweist, bedeutet das dann, dass diese zwischen Sie und Ihre Erfahrung treten und Sie überhaupt nicht wirklich präsent sind?

Das ist der Punkt, an dem Umarmungen und Küsse ins Spiel kommen. Umarmungen führen Sie in die Erfahrung ein und Küsse beseitigen alle Zweifel daran, präsent zu sein. Sie bringen eine Einheit in der Liebe. Man könnte sogar sagen, sie führen in den klaren Bereich der *Präsenz*, frei von Gedanken und Konzepten, wie das reine Licht eines in alle Richtungen strahlenden Kristalls.

Wenn Sie all dem, was auftaucht, Küsse geben, gibt es keine Bedingungen oder Einschränkungen. Genauso wie es Menschen gibt, die Sie lieben, egal was sie tun oder wer sie werden, umarmen Sie das, was erscheint, und lassen Interpretationen los. Bild und Erfahrung vereinen sich und bereiten Sie darauf vor, alles, was erscheint, als substanzlos zu sehen, wie eine Fata Morgana.

Das klingt vielleicht so, als ob etwas verloren gegangen wäre, aber genau das Gegenteil ist der Fall. Wenn Erscheinung keine eigenständige Substanz hat, kann man überall Küsse verteilen, durch Raum und Zeit hindurch. Sie leben in der Gegenwärtigkeit der Gegenwart. An der Oberfläche befinden sich die Rhythmen von Vergangenheit, Gegenwart und Zukunft, die für die Möglichkeit von Manifestation unerlässlich sind. Aber in der Tiefe öffnet sich Präsenz in die Unmittelbarkeit des Augenblicks hinein. Was auch immer auftaucht, Sie sind mit dabei. Es ist wie bei dem Prinzen, dessen Kuss eine verzauberte Prinzessin erweckt. Alles bleibt leicht und sanft.

Jetzt sehen wir Dinge im Licht des Regimes und der linearen Zeit, aber es gibt ein anderes Licht, ein stilles Licht. Dieses Licht enthüllt Erscheinung auf andere Weise, ohne Dimensionen und ohne Punkte, ohne ‚bis' und ‚von'. In diesem Licht kennen wir den offenen Augenblick.

## Ein offenes Feld

Stellen Sie sich vor, dass es nur ein offenes Feld gibt, ohne Anfang und ohne Grenzen, bevor das Regime des Geistes Erfahrungen konstruiert. Wie lange dauert es, bis diese Offenheit nachgibt und sich als identifizierender Geist manifestiert? Wie können wir das beschreiben, wenn die ausgemessene Zeit ein Teil dessen ist, was sich manifestiert? Die vier Torwächter manifestieren sich auch gemeinsam, jeder erzählt die Geschichte der anderen. Können wir fragen, wer diese Geschichte verfasst hat? Wie hat alles begonnen? Was hat sie in Bewegung gesetzt? Wie sind die Schatten in einer Welt des perfekten Lichts entstanden?

Stellen Sie sich einen Wind vor, der im leeren Raum entsteht. Der Wind wird zum Leben erweckt, weil die Sinne wissen, wie man ihn wahrnimmt – weil die Fähigkeit dazu vorhanden ist. In der Offenheit ist das anders. Nichts ist in Bewegung gesetzt worden und alle Möglichkeiten werden reflektiert. Erscheinungen erscheinen als Echo, als magisches Schauspiel, als Träume, als Regenbögen. Sie manifestieren sich und bewahren doch ihre ursprüngliche Klarheit. Sie brauchen kein Fundament und es gibt keine Notwendigkeit für einen Besitzer.

*„Aber es ist trotzdem geschehen. Wie?“*

Greifer und Ergriffenes sind immer da. Klänge ertönen, Namen werden zugewiesen. Gibt es einen Anfang für diesen Prozess? Gibt es Dimensionen vor den Dimensionen? Wie können wir das sagen? In unserer gewöhnlichen Erfahrung kennen wir nur Anfänge und Enden, Kopf und Zahl: identifizierte Erfahrungseinheiten, die in Zeit und Raum Gestalt annehmen.

Aber der Augenblick ist hier und jetzt verfügbar. Weder erschafft er, noch zerstört er, noch fällt er Urteile. Wenn Sie dies vollständig akzeptieren und in Ihre eigene Erfahrung einbringen können, werden

Sie etwas Neues darüber lernen, wie Manifestation möglich ist. Sie können dieses Wissen frei mit anderen teilen, indem Sie sich von Herz zu Herz verbinden.

## Keines der Extreme

Der westlich geprägte Geist hat mit dieser Vorstellung große Schwierigkeiten. Er würde sich lieber in Konzepte zurückziehen. Er hat so viele Worte, hinter denen er sich verstecken kann, so viele Möglichkeiten, das Spiel zu spielen. Auf dieser Ebene zu leben ist so, als würde man sich in einem Labyrinth verirren, aus dem es keinen Ausweg gibt.

Wie steht es dann damit, auf Konzepte zu verzichten? Das mag verlockend erscheinen, denn ein von Konzepten befreiter Geist ist eher bereit zu sehen, offener für das, was immer wieder auftaucht. Dennoch bedeutet der Verzicht auf Konzepte nicht, dass wir von ihrem Einfluss befreit sind. Der naive Teil des Geistes hat seine eigenen Begrenzungen. Er weiß nicht, wohin er schauen soll, und er versteht auch nicht, wie er sich auf das Wahrgenommene einlassen soll.

Was ich hier anspreche, fällt nicht in eines dieser Extreme. Wenn ich von Öffnen spreche, meine ich nicht, dass die Öffnung ein weiterer Schritt ist, etwas, das *Sie* zu *tun* haben.

Wir sind jetzt gerade hier, und es gibt eine Erfahrungssequenz. Diese Einheit hat sowohl einen Anfang als auch eine Zukunft. Das Gleiche gilt für jede Einheit, jede Blase, für Regenbogen-, Traum- und Augenblickseinheiten.

Alles taucht auf und verschwindet wieder. Denken Sie daran, wie viele Wellen es auf der Oberfläche des Ozeans gibt, und dann überlegen Sie, wie viele Wellen es in den letzten hunderttausend Jahren gegeben hat. Gleichzeitig sind sie alle der Ozean.

In den komplizierten Spielen des Geistes gibt es Grenzen und Positionen, Regeln und subtile Strategien, wie beim Schach auf der Ebene der Großmeister. Das ist gut für Spiele, aber wir sind nicht daran interessiert, Spiele zu spielen. Lassen Sie stattdessen den Augenblick offen. Sie werden eine neue Art zu sein finden.

Da ist eine Jetztheit in dieser Neuheit, die nichts mit der linearen Zeit zu tun hat. Sie könnten versucht sein, sie zu besitzen, aber wenn Sie in der Klarheit des offenen Seins ruhen, wissen Sie, dass das nicht funktionieren wird. Besitz ist der Schatten, der fällt, wenn Licht blockiert wird. Geben Sie sich nicht damit zufrieden; folgen Sie nicht dem gewohnten Weg.

Nehmen Sie stattdessen den Weg, den niemand angelegt hat.

Wenn Sie alles umarmen, was auftaucht, wenn Sie Gesten der Liebe anbieten, vereinen sich Subjekt und Objekt. Es gibt keine Trennung, kein ‚Dies' und ‚Das'. Sie lassen Einsamkeit und Schuld los. Sie lassen die Torwächter, Vorstellungen von linearer Zeit und Identitätsstrukturen los. All diese entstehen durch die Operationen des Regimes; sie können in der strahlenden Klarheit des offenen Augenblicks nicht Fuß fassen.

Was bleibt dann noch übrig?

Umarmungen und Küsse für das innewohnende Sein — stilles Licht und Freude.

## Übung 23

## Jede neue Erscheinung willkommen heißen

Identitäten, Gleichartigkeit und Ichbezogenheit haben nichts mit der Unmittelbarkeit des Augenblicks zu tun. Wenn Sie mit ruhigem Körper sitzen und sich ganz tief einlassen, können Sie dies selbst erkennen. In dieser Stille gibt es für den Geist keinen Grund, in die Vergangenheit, Gegenwart oder Zukunft abzuschweifen. Lassen Sie Körper, Geist und Atem so ruhig sein, dass Sie als Agierende:r nicht einmal präsent sind. Heißen Sie alles willkommen, was auftaucht.

Sie müssen weder etwas Besonderes bewirken, noch müssen Sie etwas wegschieben. Konzentrieren Sie sich einfach leicht auf den entstehenden Augenblick und dehnen ihn sanft aus. Es spielt keine Rolle, ob der Augenblick nur einen Moment dauert, eine Weile anhält oder sofort wieder verschwindet. Berühren Sie die Möglichkeiten in Ihrer Vorstellung und lassen Sie diese sich ausdehnen.

## Der besondere Status des Augenblicks

Wenn Sie die Erscheinungen durchdringen, haben Sie Zugang zu einer tieferen Art des Seins; sie wird offener und reichhaltiger. Sie brauchen nicht mehr nach Führung oder Sicherheit zu suchen. Niemand kann Sie manipulieren, und die geflüsterten Geschichten über Angst, Sorgen, Schuld und Einsamkeit können Sie nicht berühren. Was auch immer auftaucht, kann transformiert werden. Oder vielmehr: In der Unmittelbarkeit des Augenblicks gibt es nichts zu transformieren.

Normalerweise denken wir, jede Zeiteinheit müsse einen Anfang, eine Mitte und ein Ende haben, und dass sie, sobald sie endet, der nächsten Einheit Platz macht. Lassen Sie diese vorausgesetzte Struktur los. So wie der Augenblick nicht an einem bestimmten Ort zu finden ist, so ist er auch nirgendwo in der Regime-Zeit zu finden. Sie können sich den Augenblick als etwas Globales vorstellen, das sich überall ausbreitet, ohne Ränder oder Grenzen. Es besteht keine Notwendigkeit, den nächsten Augenblick zu antizipieren oder auf einen früheren Augenblick zurückzublicken, keine Notwendigkeit, auf Erinnerung oder Vorstellungskraft zurückzugreifen.

Es gibt zwei allgemeine Ansätze, um von der gewöhnlichen linearen Zeit, die in ihren Geschichten und Mustern — ihrem ‚Von' und ‚Bis' — gefangen ist, zum allumfassenden Augenblick überzugehen. Der erste besteht darin, zu erkennen, dass die Darstellungen der linearen Zeit keine Grundlage haben. Das heißt nicht, dass sie eine Illusion sind. Das Essen, das wir zubereiten und genießen, ist da, ebenso wie unser Schmerz, wenn wir etwas oder jemanden verlieren, das oder der uns wichtig ist. Aber dieses ‚Da-Sein' ist durch lineare Zeit und ihre zeitliche Ordnung gegeben. Wir können uns auf das ‚Da-Sein' einlassen, ohne davon auszugehen, dass hier die ‚Wirklichkeit' etabliert wurde.

Der zweite Ansatz geht einfach tiefer in das hinein, was wir von Augenblick zu Augenblick erleben. Er findet die Tiefe des Augenblicks unmittelbar und verlagert die Aufmerksamkeit weg von einer Welt, wie sie uns Konzepte, Sprache und Bezeichnungen vermitteln, von Geschichten über Ursache und Wirkung und einem *Ich*, das Erfahrungen macht. Sie beschäftigt sich mit dem zeitlosen Augenblick *innerhalb* der Welt der linearen Zeit. Sie entdeckt den Augenblick in einem Timing, das kleiner ist als der kleinstmögliche Moment und doch größer als die gesamte Zeit.

Beide Ansätze sind Wege, zum Augenblick zu gelangen. Und wenn wir den Augenblick in einem Moment erreichen, öffnen wir ihn überall und für alle Zeit. So wie der Raum hier und in tausend Meilen Entfernung derselbe ist, ist der Augenblick in diesem Moment untrennbar mit dem Augenblick in zweitausend Jahren verbunden, denn im Augenblick gibt es keine Grenzen oder Ränder, keine Momente, die man einnehmen, oder Inhalte, die man identifizieren muss.

## Momente

Momente sind die Oberfläche von Zeit. So wie wir auf der Oberfläche der Erde leben, leben wir in solchen Momenten. In ihnen findet Erfahrung statt; ohne sie gäbe es überhaupt keine Erfahrung, kein Trennen von Vergangenheit und Zukunft. Aber all dies ist das Ergebnis der Etiketten, die wir anbringen. So wie der Aufkleber auf einem Apfel, den ein Computer einscannen soll, nicht der Apfel ist, so sind die Etiketten, die wir anbringen, damit Erfahrung in die zeitliche Struktur passt, nicht die Wahrheit der Erfahrung.

Unser Leben an der Oberfläche der Zeit führt unvermeidlich zu Leiden, weil wir den Inhalt der Erfahrung annehmen und ablehnen. Wir sagen: „So will ich nicht sein" oder „Das ist perfekt, so wie es ist; ich muss aufpassen, dass ich es nicht verliere" Aber dann kommt immer wieder der nächste Moment, und wir können nichts tun, um ihn und die Erfahrungen, die er mit sich bringt, aufzuhalten.

In der Tiefe des Augenblicks ist das alles anders. Leid mag kommen; aber so wie das Leid in einem Traum wenig für uns bedeutet, wenn wir wissen, dass wir träumen, so verliert auch das durch lineare Zeit zustande gekommene Leid seinen Biss. Auf einer Ebene entfaltet sich die Erfahrung in linearer Zeit und wir reagieren entsprechend. Auf einer anderen Ebene ist die Dynamik des Augenblicks am Werk. Diese verleiht der Erfahrung Struktur und Bedeutung und macht Übergänge von einer Erfahrung zur nächsten möglich.

Wie sehr unterscheidet sich dies doch von der Art und Weise, wie unsere Kultur Zeit versteht! Weil wir von einer Position der Objektivität, des Zurückziehens ausgehen, denken die meisten von uns selten darüber nach, wie Wissen und Wertschätzung miteinander verwoben sind. Wir bestätigen eine bestimmte Art, in der Zeit zu sein, in welcher der gegenwärtige Moment durch die Vergangenheit und der nächste Moment durch die Gegenwart definiert wird. Anstatt den zeitlosen Augenblick zu erforschen, bleiben wir an der Oberfläche; wir ergründen nie in der Tiefe, wie eine Rückmeldung von der Welt um uns herum möglich ist, wie Objekt und Subjekt miteinander kommunizieren oder wie Bewusstheit in der Lage ist, bewusst zu sein. Wenn solche Fragen auftauchen, wissen wir nicht so recht, wie wir sie erforschen können.

Das Wissen um den Augenblick bietet einen Weg. Im unmittelbaren Augenblick zu leben hat das Potenzial, die Beziehung zwischen Wissendem und Gewusstem zu verändern, die Welt für warme, liebevolle Umarmungen und einen Schwall von Küssen zu öffnen.

## Eine Welt ohne Grenzen

Der Augenblick ist kein Punkt, auf den man zeigen kann, und Zeit selbst ist nicht das, was wir uns vorstellen — es geht nicht um Aktivität und Geschehnisse. Unbekannte Rhythmen sind am Werk, die in einer Einheit ruhen, in der ‚war', ‚wird sein' und ‚ist' gemeinsam entstehen. Der Augenblick ist ein Symbol für eine Welt ohne Grenzen und Ränder.

Auf der Ebene der gewöhnlichen Erfahrung scheint die lineare Logik des Entstehens von Zeit unausweichlich zu sein. Der Pfeil verlässt den Bogen und trifft sein Ziel; die Sonne geht unter und der Mond erscheint über dem Horizont. Aber wie kommt es zu dieser Abfolge? Zuerst ist alles ruhig im Geist; dann erscheint ein Gedanke. Hat er einen Weg zurückgelegt, um hierher zu gelangen, oder ist er einfach aufgetaucht? Wir sagen: „Er muss von irgendwoher gekommen sein."

Aber worauf stützt sich diese Behauptung?

„Geschehen ist geschehen", könnten Sie sagen. „Es ist passiert. Jetzt ist es vorbei." Aber wie können Sie den Wahrheitsgehalt von ‚ist passiert' bestätigen? Ja, es gibt Anfänge und Enden. Ist das die ganze Bedeutung von ‚ist passiert'? Wenn es ein Ende gibt, muss es auch einen Anfang geben und dazwischen liegt die Erfahrung. Bestimmt der Verweis auf solche Einheiten die Wahrheit von ‚Geschehen'? Wie kann etwas geschehen, wenn der Augenblick des Geschehens vorbei ist, bevor man es begreifen kann? Wie können Sie einen Brief erhalten, wenn die Post noch gar nicht angekommen ist?

Der Moment und die Erinnerung, das Leid und die Freude — wie sind sie entstanden und wohin sind sie gegangen, als sie nicht mehr aktiv waren?

Ja, es gibt eine Geschichte, die einen Sinn ergibt, aber das ist nur an der Oberfläche so. Darunter ist Magie am Werk. Nicht eine Magie, welche die gewöhnliche Logik außer Kraft setzt, sondern eine, die das Gewöhnliche möglich macht: die Magie des unmittelbaren Augenblicks. Ohne diese Magie, von Augenblick zu Augenblick, gäbe es keine Zeit, keine Übergänge, keine Minuten, Stunden oder Tage. Doch der Augenblick selbst ist Offenheit, die Einheit von Zeit.

Jeden Tag begegnen Sie vorhersehbaren Mustern und Ungewissheiten. Sie erfahren Anhaftung und Hass, Unglücklichsein und Unzufriedenheit — der Geist und die Sinne liefern die nötigen Beweise, um zu bestätigen, dass es so ist. Aber wer erfährt, und wer bestätigt?

Gedanken und Erinnerungen, Phantasien und Albträume haben ihre eigene Energie. Wenn Sie sich an deren Inhalten festhalten, werden Sie in den damit verbundenen Formen des Leidens gefangen sein; Sie werden sich drehen und wenden und damit ihren Einfluss verstärken. Was aber, wenn der Inhalt keine Rolle spielt? Was ist, wenn Ereignisse wie Wellen im Ozean sind und die Zeit, die sie heilt, nicht in der Reihenfolge ihres Auftretens, sondern in den Rhythmen ihres Entstehens zu finden ist?

Im unmittelbaren Augenblick sind Rhythmen am Werk, die nicht der linearen Zeit entsprechen. Die Sinne geben eine Rückmeldung, bevor sich das Objekt manifestiert. Echos hallen nach, bevor ein Ton nach außen projiziert wird. Ein Ziel wird getroffen, bevor der Pfeil abgeschossen wird.

## Innerhalb des Augenblicks

Innerhalb des Augenblicks manifestiert sich die Qualität des Wissens auf eine andere Weise. Es gibt keine Positionen, nicht einmal die Position, die keine Position einnimmt. Es gibt keine Leere, sondern eher eine Art Gewissheit.

Für manche Menschen mag der Weg in diese Gewissheit darin bestehen, alle Erscheinungen als Gemälde auf Wasser oder Träume in einem traumlosen Schlaf zu sehen. Für andere besteht der beste Weg darin, sich eingehender mit ihnen zu befassen, sie als Werkzeuge zum Lernen oder als Mittel zum Weiterkommen zu nutzen.

Innerhalb des Augenblicks gibt es kein ‚Zu‘ oder ‚Von‘. Es gibt nichts zu erklären. Die Torwächter, die bei allen Formen von Dualität gedeihen, können keinen Halt finden, und der Flüsterer kann niemanden bedrohen oder verführen. Es gibt kein ‚Dazugehören‘

und keine Ablenkungen oder Täuschungen. Gewöhnliche Zeit kommt gar nicht auf. So wie nichts einen Punkt im Raum von einem anderen trennt, der eine Million Meilen entfernt ist, so trennt auch nichts den unmittelbaren Augenblick von einem Moment, der zweitausend Jahre zurück oder zweitausend Jahre in der Zukunft liegt. Alle Punkte sind verfügbar, gleich leer und gleich erlaubend.

## Übung 24

## In der Zeit sein

Vielleicht fühlen Sie ein wenig Distanz zum Augenblick. Was nützt ein solches Geheimnis innerhalb von Zeit, wenn man es nicht finden kann? Aber wer sagt denn, dass Sie nicht schon die ganze Zeit im Feld des Augenblickes wandeln?

Fahnen flattern im Wind, Wolken ziehen auf und verflüchtigen sich wieder. Alles, was existiert, scheint sich zu bewegen, zu reisen. Sogar Steine sind in Bewegung, ebenso Berge, deren Formen und Gestalten sich über enorme Zeiträume hinweg aufrichten und verwandeln.

Auch Sie sind in Bewegung. Ihr Herzschlag und Ihr Atem drücken Rhythmen aus. Ihr Sein ist Sein in Zeit. Wenn Sie sich durch die Zeit bewegen, folgen Sie dem Augenblick als Ihrem Leitstern.

## In sich ruhen

Um im Augenblick zu ruhen, ist es am besten, Anhaftung loszulassen und Ihr Herz mit Mitgefühl für alle Wesen zu erfüllen. Nehmen Sie sich vor, deren Probleme zu beenden: persönliche Probleme, familiäre Probleme, Probleme mit Freunden, nationale Probleme, globale Probleme. Verpflichten Sie sich, alles Leiden für alle zu beenden.

*„Das kann ich nicht!"*

Sie können und Sie müssen es. Wenn Sie es nicht tun, schätzen Sie sich selbst nicht und ehren nicht ihr Geburtsrecht als Mensch. Sagen Sie einfach: „Ich will." Drücken Sie Ihr Wissen mit Gesten und Symbolen aus. Vielleicht wissen Sie jetzt noch nicht, welche Gesten Sie verwenden sollen, aber die werden sich zeigen, wenn sie gebraucht werden.

Seien Sie also nicht schüchtern, zögern Sie nicht länger und achten Sie nicht auf die Einflüsterungen, die Sie wieder in die Ablenkung führen könnten. Wenn die starren Strukturen von *Ich, Mich* und *Mein* zu schmelzen beginnen, genießen Sie den Zustand von Ruhe. Lassen Sie Schuld, Gier und Egoismus vergehen. Erfreuen Sie sich daran, dass die alten Dämonen des Hasses und der Begierde, des Für und Wider, zusammen mit der von Erfahrung behaupteten festen ‚Realität' nicht mehr da sind. Nicht einmal mehr ein ‚Geist' ist vorhanden. Es ist ein bisschen so, als würde man lernen, sich in einer anderen Sprache zu verständigen oder sich in der seltsamen Landschaft des Traums zurechtzufinden.

Mit zunehmendem Vertrauen wird sich Ihre Praxis in Raum und Zeit ausdehnen. Paare wie ‚hier und dort', ‚gut und schlecht' werden wie Eier aufplatzen und ihre Einheit offenbaren. Sie werden in der Lage sein, in gewöhnlicher Zeit zu handeln, aber der Augenblick wird in sich selbst vollständig sein.

Wenn Sie versuchen, zu schlau zu sein, werden die von Ihnen verwendeten Worte und Konzepte noch mehr Muster und Frustration hervorrufen. Stattdessen öffnen Sie sich einfach.

Dann öffnen Sie die ‚Offenheit' selbst.

Dies ist keine neue Fähigkeit, die es zu beherrschen gilt. Lassen Sie sich vom Inneren, dem Persönlichen und dem Echten umarmen. Werden Sie langsamer und suchen Sie nach einer Qualität der Leichtigkeit. Seien Sie von diesem entspannten Ort aus sanft. Unterrichten Sie sich selbst, ganz still.

Öffnen Sie alle Erscheinungen, dann brauchen Sie nicht zu fragen, was geschieht oder wie alles zusammenpasst. Indem Sie sich selbst umarmen und küssen, werden Sie die Freude am Sein entdecken. Eine neue Gewissheit wird sich durchsetzen. Denken Sie daran: Sie brauchen keine besonderen Praktiken oder esoterischen Lehren. Gehen Sie einfach nach innen.

Öffnen!

Ausdehnen!

# EPILOG

# Ein Schatz im Inneren

## Einheits-Weisheit

Ich hoffe, Sie haben inzwischen verstanden: In Ihnen ruht ein Schatz, der schon Teil Ihres Geburtsrechts ist. Wenn Sie dieses kostbare, gar magische Juwel mit einer Geste von Liebe berühren, werden Sie entdecken, dass alles, was Sie je ersehnten und suchten, schon hier und jetzt vorhanden ist.

Das Feld des Geistes kennt diese Einheit, die den Charakter eines jeden Erscheinungspunktes öffnet, um innere Schätze zu offenbaren. Das Schatzhaus zu betreten bedeutet, das Herz des Seins zu umarmen.

Wenn Sie ein Ende des Leidens wünschen, ist die Glückseligkeit in dem Moment da, in dem Sie die Torwächter loslassen und sich mit dem offenen Augenblick verbinden.

Wenn Sie sich nach innerem Frieden sehnen, finden Sie eine Quelle von stillem Licht und Leichtigkeit.

Wenn Sie ein tiefes Verständnis oder Wissen suchen, wird Weisheit jenseits von Konzepten Sie heller leiten als das Licht von tausend Sternen.

Was ist das für ein Schatz, der darauf wartet, durch Ihre Umarmung und Ihren Kuss geweckt zu werden?

Ich könnte es ‚Großes Sein' nennen oder das Sein selbst oder einfach Einheits-Weisheit — ein offenes, stilles Licht, in dem Wissen, Zeit und Raum zusammenfließen.

Aber das ist die gewöhnliche Sprache; auf einer tieferen Ebene gelten Namen nicht.

## Keine Spiele mehr

Bevor wir auf diese Lehren stoßen, wenn wir noch nicht wissen, dass es einen solchen Schatz gibt, leben wir wie auf einer durch Sprache und Geist konstruierten Landkarte. Wie eine Figur auf einem Spielbrett bewegen wir uns von Feld zu Feld und werden von einer unsichtbaren Kraft auf Felder geschoben, die wir nicht gewählt haben.

Glück? Schicksal? Göttliches Eingreifen? Wir können weder herausfinden, wer unser unsichtbarer Herr sein mag, noch ein Gefühl von Kontrolle bewahren.

Auf einem Feld gelandet, sind wir glücklich: Jemand liebt uns, welche Freude! Doch kurze Zeit später finden wir uns auf einem anderen Feld wieder, dorthin getragen von, wer weiß welcher Hand, als wir nicht hingesehen haben.

Was für eine Einsamkeit fühlen wir jetzt! Welch schreckliche Verzweiflung! Plötzlich sind wir im Unglück gefangen und können nicht mehr entkommen. Das nächste Würfeln könnte wieder Freude bringen, aber wie können wir uns darauf verlassen?

In die eine oder andere Richtung gedrängt, erschöpft von den Wellen der Emotionalität, verwirrt vom Auf und Ab eines Spiels des Geistes, dessen Regeln wir nicht kennen und nicht ergründen können — das ist sicher keine gute Art zu leben!

Gott sei Dank können Sie sich jetzt entspannen. Sie haben Lehren gefunden, die direkt zum Kern des vollständigen Menschseins führen. Sie brauchen sich nicht länger in diesem alten, erschöpfenden Spiel herumschubsen zu lassen.

## Die Textur unseres Lebens

Bitte verstehen Sie: Was ich hier anbiete, ist weder eine Philosophie des Wissens noch eine Psychologie des Handelns. Es ist weder Hirnforschung, noch ein Ratgeber zur Selbsthilfe, um Sie erfolgreicher zu machen, oder eine soziologische Abhandlung darüber, wie Sie sich am besten an die heutige Kultur anpassen können. Es sind keine Anleitungen, um nach dem Tod in den Himmel zu kommen, oder moralische Empfehlungen. Es sind überhaupt keine Ratschläge.

Ich spreche davon, *wie die Dinge wirklich sind* für uns, und nicht, wie sie zu sein scheinen. Das, was die Struktur unseres Lebens ausmacht, bleibt in der Regel unerforscht: die Natur des Selbst und des Geistes, Wahrnehmung, Erkenntnis, Sprache, Zeit, die Veränderungsdynamik, welche die menschliche Erfahrung in ihrem ganzen Reichtum ermöglicht.

Ich wünsche mir, dass Sie diese Botschaft mitnehmen: Sie müssen nicht leiden! Sie können entspannt sein. Sie können Freude an allem finden, was gerade jetzt, *in diesem Augenblick*, mitten in Ihrem Leben geschieht. Sie brauchen keine Belehrungen, keine esoterischen Bücher und keine speziellen Lehrer, die Ihnen sagen, was Sie tun sollen. Sie brauchen sich nicht zurückziehen oder flüchten.

Flucht ist ohnehin nur ein Hirngespinst, also lassen Sie es gut sein.

## Eine andere Art zu wissen

Wenn wir das stille Herz des Seins berühren, lassen wir die Höhen und Tiefen der Gedanken und Emotionen los; die ängstlichen Befürchtungen und die fruchtlosen Hoffnungen; das Für und Wider von Verwirrung und Unwissenheit, die sich täglich manifestieren, zusammen mit *Ich, Mich, Mein* und *Geist*.

Wenn wir im Augenblick leben, eins mit allem, was erscheint, haben wir weder das Bedürfnis noch den Wunsch, Erfahrung zu gestalten oder zu beurteilen. Unsere Handlungen entsprechen den Bedürfnissen des Augenblicks, so wie ein Elternteil auf die Bedürfnisse seines Kindes eingeht. Die Klarheit, Weite und Glückseligkeit, welche im offenen Augenblick vorhanden sind, beseitigen Frustration. Das Leiden findet keinen Halt. Liebe und Mitgefühl erwachen, und diese wiederum transformieren unsere Art zu sein und zu wissen vollständig.

Indem wir im Augenblick verweilen, erhalten wir Zugang zu einer anderen Art von Wissen. Es handelt sich nicht um ein Wissen, das Namen, Sinne oder Etiketten verwendet — nicht um ein Wissen, das die Realitäten der zeitlichen Ordnung bestätigt. Vielmehr ist es das klare Licht, in dem sich dieses gewöhnliche Wissen offenbart. So wie das Licht unsichtbar bleibt, während es sich durch den Raum bewegt und doch den ganzen Raum durchdringt, so durchdringt die Leuchtkraft des Augenblicks die Gesamtheit von Zeit.

Im Leuchten des Augenblicks haben Hass und Verlangen, Depression und Verwirrung keinen Platz. Es gibt keine Einteilung in gut und schlecht. Abtrennungen und Unterscheidungen erscheinen wie Regenbögen am Himmel, aber sie setzen keine Grenzen.

Der Augenblick hat kein ‚Von' oder ‚Bis', keine Vergangenheit oder Zukunft und keine Gegenwartsform. Die Gegenwart des Augenblicks ist global, völlig offen. Erscheinungen treten auf, aber eine Alchemie des Augenblicks verwandelt sie in eine globale Klarheit und globale Präsenz. Der Geist lässt sich mit Leichtigkeit darauf ein, ohne dass er Anweisungen oder Übungen braucht.

Man kann sich den Augenblick als das ‚Dazwischen' vorstellen, das den Übergang von einem Moment zum nächsten ermöglicht. Wir können in diesem Dazwischen leben. Wir können ihn als einen Ort der vollkommenen Ganzheit und unendlichen Präsenz willkommen heißen, wo jede Handlung und jede Wahrnehmung eine Geste der Liebe ist.

## In Freiheit geborene Liebe

Natürlich ist ‚Liebe' auch nur ein Wort, eine Geste hin zu dem, was möglich ist. Es wird viel benutzt und es kann auf alle möglichen Erfahrungen hinweisen. Ich spreche von einer Liebe, die in Freiheit entsteht. Jenseits von Worten, Begriffen und Empfindungen, unvorstellbar, ohne Grenzen.

Solch eine Liebe kann man nicht suchen, man kann sie auch nicht lehren, weder sich selbst noch anderen. Später mag es Interpretationen und Erklärungen geben, aber die Wahrheit der Liebe kommt all dem zuvor.

Von Augenblick zu Augenblick bieten gerade die Qualitäten, die zu Leiden führen – Anhaftung, Festhalten, Emotionalität, Verwirrung – die Keime vollständiger Einheit. In einer solchen Einheit gibt es keine Teileinheiten und keine Territorien.

Es gibt keine Reibung. Der Anfang ist dasselbe wie das Ende, und Eins ist nicht verschieden von Null. Die Null, die wir kennen, die wir auf Papier schreiben oder in unseren Berechnungen verwenden, ist ein Symbol für solche Möglichkeiten, ein Punkt, der gleichermaßen auf den vergangenen und den zukünftigen Augenblick, den endenden und den beginnenden Augenblick zeigt.

Wir wissen recht gut, wie man getrennte Punkte und Identitäten festlegt, wie man in der Zeit handelt und sich im Raum manifestiert. Jetzt müssen wir die Einheit all dieser Unterscheidungen entdecken. Wir müssen erkennen, dass das Wasser dasselbe bleibt, egal ob wir zur Quelle oder zur Mündung des Flusses gehen.

## Sich mit dem Herzen des Seins verbinden

Das ist es also. Komplex, ja.

Aber auch einfach.

Wenn wir umarmen und küssen und so das stille Feld des Seins umfassen, stecken wir nicht länger fest. Wir können auf Erfahrungen aus der Vergangenheit zurückgreifen und für die Zukunft planen – gewöhnliche Ereignisse innerhalb der linearen Zeit – und wir können auch im infinitesimalen Augenblick verweilen, wo Zeit keine Dimensionen hat.

Wir können Termine einhalten, Geburtstage und Hochzeiten feiern und gleichzeitig wissen, dass wir Teil eines langen Stammbaums sind, der bis zu den Sternen zurückreicht und sich in eine grenzenlose Zukunft erstreckt. Wir brauchen nicht zu wählen.

Wir können uns die großen geistigen Wesen zum Vorbild nehmen, die einst auf der Erde wandelten, und unsere Lebensweise von

Güte, Freundlichkeit und transzendentem Wissen leiten lassen. Die gleichen Qualitäten, die sie entfalteten, sind immer noch verfügbar, gerade jetzt. Warum sollten wir sie nicht ausweiten? Warum nicht Liebe und grenzenlose Fürsorge verkörpern? Die Welt braucht das sehr dringend!

Wir können in die Fußstapfen der vielen inspirierenden Menschen treten, die zu unserer Kultur beigetragen und unseren Wissensschatz geformt haben. Wir können die Tiefen des offenen Seins küssen und uns dafür entscheiden, uns auch in der Alltagswelt um uns herum zu engagieren. Wir können Sprache nutzen, um Menschen zu leiten, mit ihnen teilen, was wir wissen, und dabei gleichzeitig die Grenzen von Konzepten und Worten verstehen.

Wir können alle Wesen, die jemals in Zeit und Raum gelebt haben, umarmen und küssen und mit ihnen unsere neu gefundene Freude und unseren inneren Frieden teilen. Und wir können unsere Energie darauf konzentrieren, alles zu unterstützen, was uns am Herzen liegt — Gerechtigkeit für alle, Abhilfe für den Klimawandel, Weltfrieden, Gartenarbeit, Tierrechte, künstlerisches Schaffen oder einfach nur die Sorge um uns selbst und unsere Lieben.

*Sein* ist keine Abstraktion. Aus seiner Tiefe werden Kreativität, Großzügigkeit, Selbstlosigkeit, Freude, Weisheit, Frieden und Liebe geboren. Wenn wir diese Qualitäten verkörpern, denken, lieben, leben und atmen wir auf neue Weise. Einsamkeit, Wut und Neid fallen von uns ab. Wir lassen die Torwächter los und geben unsere Ausweise ab. Wir und alles, was erscheint, sind nicht mehr getrennt, so dass uns Pro und Kontra nicht verwirren können. Zeit, Raum und Wissen sind vereint, und doch können wir aus jedem von ihnen frei schöpfen. In dem offenen Feld im Herzen des Seins kann sich unser gesamtes menschliches Potential entfalten.

## Anweisungen sind nicht nötig

Sehen Sie jetzt? Es gibt nichts, was fehlt! Es gibt nichts, was Sie haben müssen, und nichts, was Sie tun müssen, *bevor* Sie das Leiden loslassen können. Anweisungen sind nicht notwendig; Sie kennen bereits den Nutzen von Umarmungen und Küssen und Sie können dem Weg Ihres eigenen inneren Wissens folgen.

Eingangstore sind auch nicht notwendig. Auf einem offenen Feld gibt es keine Mauern, die als Barrieren dienen könnten, wo also sollte man ein Tor aufstellen?

Der Augenblick mag der kleinste Moment sein, den es gibt, aber aus einer anderen Perspektive ist er auch riesig; er enthält alle Winkel der Zeit. Man kann so tun, als ob die Vergangenheit und die Zukunft real wären, aber in Wirklichkeit ist man nie von der Unmittelbarkeit des Augenblicks getrennt.

Sie müssen sich also nicht mühsam in eine winzige Zeiteinheit zwängen. Der Augenblick hat keine Einheiten, und zwischen den Augenblicken gibt es keine Abgrenzungen. Ohne Einheiten oder Grenzen sind Begriffe wie ‚in‘ und ‚aus‘ oder ‚zwischen‘ einfach nicht anwendbar.

Wo auch immer Sie sind, ist der Augenblick, und der Augenblick ist immer die richtige Zeit, um zu sein!

## Sie brauchen sich nie wieder täuschen lassen

Lassen Sie also das „Ich kann nicht" oder „Ich weiß nicht wie" los. Bringen Sie Leichtigkeit in alles, was auftaucht, in all die traumartigen Blasen.

Lächeln Sie. Genießen Sie das Dargebotene!

Gedanken, Gefühle, Wahrnehmungen und Empfindungen sind lediglich Erscheinungen. Sie kommen und gehen wie Träume. Das Einzige, was sie real erscheinen lässt, ist die Magie des Regimes, das sich mit Unwissenheit zusammentut, um eine Illusion zu schaffen: die Illusion des *Ich bin*, die Illusion des *Es ist*, die Illusion des *Von* und *Zu*, der linearen Zeit und der Identitätsstrukturen, die Leiden schaffen.

Hören Sie auf, nach Zeichen des Fortschritts oder positiven Erfahrungen zu suchen. Das sind alles nur Ideen. Wenn Sie sich auf die Suche nach einem Weg oder einem Pfad machen, werden gerade Ihre Bemühungen zu einem Hindernis: nichts weiter als Fixierungen und Spannungen.

Lassen Sie das alles los. Die Freiheit vom Regime des Geistes kommt von innen, und sie ist bereits vorhanden. Also entspannen Sie sich. Sogar die Möglichkeit der Freiheit kann zu einem Hindernis werden, wenn Sie sich zu eng daran festhalten.

Sie brauchen sich nie wieder täuschen lassen. Wenn Erscheinungen auftauchen, egal in welcher Form oder mit welchem Inhalt, brauchen Sie diese weder wegstoßen, noch sich darauf einlassen. Sie verstehen sie jetzt als das, was sie sind. Sie können sie umarmen, sie küssen und sich auflösen lassen, weil Sie wissen, dass sie von Natur aus substanzlos sind. Träume haben die Eigenschaft zu zerrinnen.

Vielleicht haben Sie Momente, in denen diese unvollkommen ausgedrückte Möglichkeit einen Sinn ergibt. Wenn diese auftauchen, geben Sie ihnen Raum, und Sie werden feststellen, dass Sie dem sehr nahe sind, was wir ‚Sein' nennen könnten.

Umarmen und küssen Sie sich also, und lassen Sie Freude und Liebe ausströmen.

Stilles Licht leuchtet bereits.

*Die große Liebe im Herzen des Seins ist schon da!*

# Anmerkungen

(1) In den meisten Fällen wird diese Form des Genderns benutzt, z.B. Machthaber:innen. Damit der Text flüssig lesbar bleibt, haben wir z.B. bei Dikator einfach nur die männliche Form benutzt, die in diesen Fällen für beide Geschlechter stehen soll.

(2) In diesem Buch haben wir die Begriffe ‚instant' mit ‚Augenblick' und ‚moment' mit ‚Moment' übersetzt. Auch diese beiden deutschen Begriffe werden im allgemeinen Sprachgebrauch und in anderen Übersetzungen oft synonym verwendet und der oben beschriebene Unterschied geht verloren. Eine etymologische Herleitung in dem vom Autor hier im Text beschriebenen Sinne ist für den deutschen Begriff ‚Augenblick' nicht möglich. Wohl wird in der Sprache der Physik der Begriff ‚Instant' oder ‚Instantan' als „ein unendlich kleines Moment der Zeit; ein Zeitpunkt, dessen Stattfinden unmittelbar ist" (*Wikipedia*) definiert.

(3) Tarthang Tulku gebraucht in diesem Buch (und in vielen weiteren Büchern aus der Reihe ‚Understanding Self and Mind') die Begriffe *‚Ich, Mich, Mein* und *Geist'*, um zu zeigen, wie diese vier Begriffe zueinander gehören und wie sie mittels Strukturen und Feedback wirken. In diesem Buch sind sie deshalb meist kursiv gesetzt und großgeschrieben.

# Ausführliches Inhaltsverzeichnis

# Liste der Übungen

# Ein Leben aktiv für den Dharma

Tarthang Tulku, Kunga Gellek Yeshe Dorje, wurde 1935 in Golok, Osttibet, geboren. Er ist einer der letzten noch lebenden tibetischen Lamas, die eine umfassende traditionelle Ausbildung im alten Tibet erhielten.

Als junger Tulku studierte er intensiv mit über zwanzig berühmten Meistern auf ausgedehnten Reisen in Osttibet. Sein Wurzellehrer war Jamyang Khyentse Chokyi Lodro, einer der bemerkenswertesten tibetischen Meister des 20. Jahrhunderts. 1958 folgte er diesem Meister nach Sikkim, kurz vor der Annexion seines Landes durch die Chinesen. Mit nur 23 Jahren wurde er zum Flüchtling in Indien.

Nach einem kurzen Aufenthalt in der *Young Lamas Home School* in Dalhousie, Indien, wurde er von S.H. Dudjom Rinpoche gebeten, die Nyingma Schule an der Sanskrit Universität in Varanasi zu vertreten. Dort gründete er *Dharma Mudranalaya* (eine Druckerei), um tibetisch-buddhistische Texte zu drucken. 1968 verließ er Indien und kam als erster Nyingma-Lehrer nach Amerika.

Als Kern seiner Aktivitäten gründete Tarthang Tulku 1969 das *Tibetan Nyingma Meditation Center* (TNMC), eine gemeinnützige Körperschaft nach kalifornischem Recht. Im selben Jahr errichtete er das Zentrum *Padma Ling* als zentralen Wohnsitz von TNMC und 1972-1973 das *Nyingma Institute,* wo er bis 1978 öffentlich lehrte.

Während dieser Jahre veröffentlichte er die ersten seiner etwa drei Dutzend Bücher in Englisch. Zur Unterstützung der Exiltibeter gründete er das *Tibetan Aid Project (TAP);* ebenso *Dharma Press* und *Dharma Publishing,* die bis heute Hunderte von Kunstreproduktionen und mehr als 288 Bücher für westliche Leser produziert haben. Seine Bücher wurden in achtzehn Sprachen übersetzt. Um die vier internationalen Zentren in Amsterdam, Köln, Sao Paulo und Rio de Janeiro zu unterstützen, rief er *Nyingma Centers* ins Leben. 2020 kam Porto Allegre hinzu.

1975 legte er den Grundstein für das *Odiyan Retreat Center,* ein Mandala aus Tempeln, Stupas und Bibliotheken, mit Vajra Tempel, Cintamani Tempel, Erleuchtungsstupa und Vairocana Garten. Das *Dharma Wheel Mandala* wurde im Jahr 2019 eingeweiht und besteht aus 2.016 ca. 45 cm hohen Gebetsmühlen, die den zentralen Tempel des Mandalas umschließen. Jede einzelne Gebetsmühle enthält alle Texte des Kanjur; es ist das größte Monument dieser Art weltweit.

Das *Ratna Ling Retreat Center* entstand 2004 als Ergänzung zu Odiyan; *Ratna Ling* bietet für die Öffentlichkeit Retreats zu Themen, welche die Integration von Körper und Geist und ein breites Wellnessangebot fördern. Eine eigene Einrichtung für die Unterbringung und Betreuung älterer Mitglieder der TNMC-Gemeinschaft ist in Planung.

1981 veröffentlichte Tarthang Tulku die *Nyingma Edition of the Tibetan Buddhist Canon* in 120 atlasgroßen Bänden, auf die ein achtbändiger Katalog mit Bibliografie folgte. Das *Yeshe De Text Project*, 1983 ins Leben gerufen, produzierte die *Great Treasures of Ancient Wisdom* in 637 Bänden.

1989 gründete Tarthang Tulku die *Nyingma Monlam Chenmo* (Weltfriedenszeremonie) in Bodh Gaya, Indien, zu der sich jährlich 8.000 - 10.000 Lamas, Mönche, Nonnen und Laien versammeln. Darüber hinaus wurde auch den anderen großen Schulen des tibetischen Buddhismus, der Kagyü-, Sakya- und Gelug-Tradition, Startkapital für ihre Monlams zur Verfügung gestellt. Bei der Weltfriedenszeremonie in Bodh Gaya findet die kostenlose Verteilung von Büchern statt — Tarthang Tulkus außergewöhnliches Geschenk an die tibetische Sangha. Zu den letzten Bücherspenden gehören die gesammelten Werke von großen Meistern wie Jigme Lingpa, Patrul Rinpoche und Lama Mipham. Wer über all die Jahre während der Monlam Bücher erhalten hätte, besäße nun eine persönliche Bibliothek mit mehr als tausend Bänden. Seit 1989 hat TNMC bei der Monlam über fünf Millionen Bücher sowie 3,25 Millionen Kunstdrucke mit sakralen Motiven und 176.250 Gebetsmühlen an mehr als 3.300 Dharma-Zentren in Indien, Nepal, Bhutan und Tibet verteilt. Weitere Spenden für Bodh Gaya ermöglichten acht Butterlampenhäuser, Hunderte von Gebetsmühlen, Prajnaparamita-Tafeln in goldener Lantsa- und tibetischer Schrift, finanzielle Unterstützung für die Restaurierung der Spitze des Mahabodhi-Tempels, die Verschönerung des Geländes, in Odiyan hergestellte Banner, Behänge und Schirme sowie ganzjährige Butterlampenopfer.

Um die Wiederbelebung des Buddhismus im Land seines Ursprungs zu unterstützen, gründete Tarthang Tulku 2002 die *Light of Buddhadharma Foundation International* (LBDFI). Im Jahr 2006 sponserten und organisierten TNMC und LBDFI gemeinsam die erste jährliche Tipitaka-Chanting-Zeremonie der Theravadin-Sangha in Bodh Gaya — die erste Versammlung dieser Art seit mehr als 700 Jahren. Zusätzlich zu dieser alljährlichen Zeremonie werden weitere Tipitaka-Gesangszeremonien auf der ganzen Welt organisiert und abgehalten, darunter auch in Berkeley, Kalifornien; inzwischen nehmen Vertreter aus elf Ländern daran teil. Die Arbeit von LBDFI wurde von der indischen Regierung begrüßt, welche Initiativen wie das *Dharma Training Wheel*, aktiv unterstützt, welches ehrwürdige Mönche auf ausgedehnte Pilgerreisen zu den acht großen heiligen Stätten des Buddha bringt.

TNMC und seine Mandala-Organisationen haben siebzehn 2½ Tonnen schwere Weltfriedensglocken an heiligen Stätten in ganz Asien installiert und Renovierungsprojekte an zahlreichen heiligen Stätten unterstützt, darunter die historische Renovierung des Swayambhu Stupa in Nepal oder die Neugründung des Praxiszentrums von Khenpo Chokyab, eines großen Meisters des 20. Jahrhunderts, und die Restaurierung von Adzom Gar, dem Sitz von Adzom Drukpa und Rinpoches eigenem Lehrer, Adzom Drukpas Sohn und Erbe A-'gyur Rinpoche. Im Jahr 2005 wurde die *Mangalam Light Founda-*

*tion* gegründet. Mangalam Light möchte das Erbe des Buddhadharma in Tibet wiederbeleben, bewahren und unterstützen, wobei LBDFI durch die *Ananda-*, *Prajna-* und *Vajra Light - Foundations* ergänzt wird. Die in Tibet ansässigen *Light Foundations* haben viele verschiedene Projekte maßgeblich unterstützt, darunter den Bau des Klosters Tarthang in Osttibet. Die *Ananda Light Foundation* hat Reparaturen und Bauarbeiten in zahlreichen Klöstern und Nonnenklöstern finanziert und Grundschulen für 800 Kinder in Osttibet errichtet. Die *Vajra Light Foundation* hat Zeremonien in ganz Zentral- und Osttibet unterstützt, insbesondere Zeremonien in den großen Klöstern Larung Gar und Yachen Gar; Yachen Gar ist das größte buddhistische Kloster der Welt und das größte Nonnenkloster in Tibet. Die *Prajna Light Foundation* hat große Anstrengungen unternommen, um tibetische Bibliotheken wiederherzustellen: Mehr als 1.000 Sätze des Kanjur und 10.000 Sätze der gesammelten Werke des großen Nyingma-Meisters Longchenpa wurden an Klöster in ganz Tibet verteilt.

Im Jahr 2009 gründete Tarthang Tulku das *Mangalam Research Center for Buddhist Languages* (MRC) in Berkeley, Kalifornien. In Zusammenarbeit mit einer angesehenen Gruppe von internationalen Gelehrten hat das MRC mehrere prestigeträchtige Zuschüsse vom *National Endowment for the Humanities* erhalten, die es ihm ermöglichten, das hochinnovative Datenwerkzeug *Buddhist Translators' Workbench* für Forscher zu entwickeln. Außer Konferenzen, Kolloquien und Seminaren bietet es auch zahlreiche Programme für die Öffentlichkeit an. Im gleichen Zeitraum gründete Tarthang Tulku die *Guna Foundation*, die bereits drei viel beachtete Dokumentarfilme über seine Dharma-Aktivitäten produziert hat, darunter den preisgekrönten Film *The Great Transmission* (2016). Im Jahr 2012 rief er das *Dharma College* in der Innenstadt von Berkeley ins Leben, das als Ort für die Erforschung dynamischer und synergetischer neuer Lehren über die Natur des Geistes dient, die in den jüngsten Büchern wie *Revelations of Mind, Dimensions of Mind, Keys of Knowledge* und der *Lotus Trilogy* zum Ausdruck kommen.

2013 wurde das von Tarthang Tulku gegründete *Sarnath International Nyingma Institute* (SINI) in Sarnath, Indien, eingeweiht. SINI möchte dazu beitragen, die Kluft zwischen östlichen und westlichen Wissensmethoden zu überbrücken, das Studium der frühesten Periode des tibetischen Buddhismus zu fördern (verkörpert durch Khen Lob Cho Sum, die Begründer des tibetischen Dharma) und die jährliche tibetische Friedenszeremonie auszurichten. Das Institut beherbergt auch das ökumenische *Kanjur Karchag* Projekt, das tibetische Gelehrte aller wichtigen Schulen zu einem tiefgreifenden Studium von Ursprung und Struktur des tibetischen Kanjur versammelt.

Während sich das TNMC-Mandala weiter entfaltet, hilft die 2012 gegründete *Nyingma Association of Mandala Organizations* (NAMO), die Arbeit ihrer siebzehn verschiedenen Mitgliedsorganisationen anzuleiten und zu bewahren. Seit 2012 werden Online-Programme für die breite Öffentlichkeit vom *Nyingma Institute,* dem *Dharma College, Ratna Ling, Odiyan* und den internationalen Zentren angeboten.

Tarthang Tulku hat sein Leben der Aufgabe gewidmet, das tibetisch-buddhistische Erbe zu bewahren, zu schützen und zu verbreiten. Alle seine Bücher und Projekte sind Bemühungen, die sakralen Ausdrucksformen von Kaya, Vaca, Citta, Guna und Karma — Verkörperung, Rede, Geist, Qualitäten und Handlungen — zum Wohle der ganzen Welt zu manifestieren. Weitere Informationen über diese Aktivitäten sind in mehr als 45 Bänden der *TNMC-Annals* festgehalten, die im Nyingma-Institut und in den internationalen Zentren erhältlich sind.

Bis jetzt fährt Tarthang Tulku — fast 90 jährig — fort, heilige tibetische Texte zu bewahren und zu verbreiten, Bücher für ein westliches Publikum zu schreiben und große, innovative und inspirierende Dharma-Projekte zu leiten.

## *Entdecken Sie weitere Bücher von Tarthang Tulku:*

*Deutsche Bücher bei Dharma Publishing Deutschland:*

www.dharmapublishing.de

*Englische Bücher bei Dharma Publishing USA:*

www.dharmapublishing.com

## *Kurse und Retreats zu Themen der Bücher finden Sie hier:*

*Nyingma Zentrum Deutschland:* www.nyingmazentrum.de

*Nyingma Centrum Nederlande:* www.nyingma.nl

*Nyingma Institute, Berkeley:* www.nyingmainstitute.com

*Dharma College, Berkeley:* www.dharma-college.com

*Mangalam Research Center:* www.mangalamresearch.com

*Center for Creative Inquiry:* www.creativeinquiry.org

*Ratna Ling Retreat Center:* www.ratnaling.com

*Odiyan Retreat Center:* www.odiyan.org

*Sao Paulo, Brasilien:* www.centronyingmabrasil.org

*Rio de Janeiro, Brasilien:* www.nyingmario.org.br

*Porto Alegre, Brasilien:* www.nyingmapoaorg.br

*Nyingma Group Israel:* www.nyingmaisrael.org

*Buenos Aires, Argentinien:* www.kumnyeyoga.com.ar